이상형의 여자를
얻는 유일한 방법

이상형의 여자를 얻는 유일한 방법
국제결혼 추가 완결판

초판 1쇄 발행 2023년 11월 20일

지은이 어깨깡패
펴낸이 장길수
펴낸곳 지식과감성#
출판등록 제2012-000081호

주소 서울시 금천구 벚꽃로298 대륭포스트타워6차 1212호
전화 070-4651-3730~4
팩스 070-4325-7006
이메일 ksbookup@naver.com
홈페이지 www.knsbookup.com

ISBN 979-11-392-1434-5(03190)
값 17,500원

• 이 책의 판권은 지은이에게 있습니다.
• 이 책 내용의 전부 또는 일부를 재사용하려면 반드시 지은이의 서면 동의를 받아야 합니다.
• 잘못된 책은 구입하신 곳에서 바꾸어 드립니다.

지식과감성#
홈페이지 바로가기

이상형의 여자를 얻는 유일한 방법

국제결혼 추가 완결판

by 어깨깡패

목차

작가의 말 _ 6

PART 1. 당신이 원하는 여자를 얻지 못하는 이유

대부분의 남자가 연애를 위해 하는 노력은 틀렸다 _ 16

매력남 vs 찐따남 _ 20

찐따 같은 동생 vs 매력적인 동생 _ 23

잘해 줘서 차이는 것이 아니라 찐따라서 차이는 것 _ 28

짝사랑도 고백도 제발 하지 마라! _ 31

찐따의 특징 _ 34

비참한 노총각이 되고 싶은가? _ 38

페미니즘 시대에 찐따는 여자를 만날 수 없다 _ 40

당신은 페미니즘에 물들지 않은 이상형의 여자를 만나야 한다 _ 44

PART 2. 여자를 다스리는 남자

성경에는 남녀 관계의 절대적 진실이 담겨 있다 _ 51

여자는 자신을 다스려 줄 남자를 찾고 있다 _ 54

매력남의 세 가지 절대 요소 _ 57

조건은 안 좋아도 능력은 있어야 한다 _ 59

외모 안 본다는 여자들의 말은 개소리다 _ 71

매력적인 여자들을 대하는 자신감 있는 태도 _ 74

나는 30대에 찐따남에서 매력남으로 바뀐 케이스다 _ 80

내가 X밥이라는 사실을 인정부터 하자 _ 83

매력남은 징징거리지 않는다 _ 88

연애강사들에게 더 이상 속지 말자 _ 90

PART 3. 당신이 이상형의 여자를 얻기 위해 당장 실천해야 할 리스트

여자는 아무것도 아니다 _ 106
패션에 제발 신경 좀 써라 _ 110
독서와 운동은 인생 치트키다 _ 113
노팹은 자기 관리이다 _ 123
GMO 식품은 쓰레기통에 버리자 _ 131
여자를 놀릴 수 있으면 모든 문제는 해결된다 _ 133
여자랑 스킨십하는 요령 _ 154
남자 XX 길이는 결코 중요하지 않다 _ 157
여자가 오르가슴을 느끼도록 하는 유일한 방법 _ 160
여성과의 경험을 기록해라 _ 163
대부분의 남자들의 행동 패턴을 벗어나라! _ 177
처음 보는 이상형의 여자 번호를 받는 법 _ 188
나의 반쪽을 찾는 여정 _ 194

PART 4. 국제결혼은 신의 한 수다

국제결혼은 생각처럼 어렵지 않다 _ 222
외국 여자를 만나는 것의 장점 _ 224
일본 여성들의 특징 _ 236
남미 여성 특징 _ 248
러시아계 여자 특징 _ 252
만국 공통으로 찐따는 인기가 없다 _ 254
외국어를 익히자! _ 256
외국 여성들에게 어프로치 하는 법 _ 260

글을 마치며 _ 267

작가의 말

　대한민국보다 여자 만나기 어려운 나라가 지구상에 또 있을까? 대한민국에서 남자로 살아가기란 결코 쉬운 일이 아니다. 20대 초반 군대에 의무적으로 다녀와야 하고 대학을 졸업하고 열심히 스펙을 쌓아도 취업하기가 하늘의 별 따기이며 그렇게 어렵사리 직장을 구해도 집값은 30, 40년 장기 대출을 받지 않으면 엄두도 내지 못할 만큼 비싸다.

　게다가 여성의 인권이 높아지다 못해 여성 우월주의가 만연해서 많은 사람들이 "여자에게 그렇게 얘기하는 거 아니에요…" "여자에게 그런 말 하면 실례예요"와 같은 말들을 입에 달고 사는 사회… 무급에 가까운 군 생활을 마친 남자들에게 군가산점을 주자는 얘기만 해도 대부분의 여성들이 우리는 생리를 한다며 발작을 일으키는 사회.

　마음에 드는 여자와 결혼하려면 다방면에서 뛰어난 남자가 되어야만 하고 아파트 하나 정도는 장만해 올 수 있는 경제력이 있어야 해서 부모가 부자가 아니면 사랑을 포기해야만 할 것 같은 비참한 감정마저 경험해야 하는 곳.

내가 20대였던 시절 우리나라가 이렇게도 남자에게 불리한 곳이라는 것을 인지조차 하지 못하고 살았었기 때문에 매번 여자를 다정하게 대하려 노력하고 나도 모르는 사이에 여자의 비위를 맞추려 노력하는 남자로 살았었다. 호감을 느끼는 여성들에게 항상 상냥하게 대하며 내 진심을 표현하려고 많은 고민과 노력을 했었지만 여성들로부터 매번 치욕을 느낄 정도의 비참한 거절을 당했었다.

어떤 여자는 나의 부족한 학벌을 문제 삼았고 또 다른 여자는 나의 집안을 문제 삼았으며 여자친구를 막상 사귀어도 여자친구 부모님의 반대로 헤어져야 했던 경험도 여러 차례나 된다. 계속해서 이런 경험을 하다 보니 도대체 왜 이렇게나 여자 하나 만나기가 힘든 것인지….

원하는 여자를 만나서 결혼을 하려면 수백억 자산가라도 되어야 할 것 같은 자괴감이 들어서 괴로워하던 어느 날 짝사랑하던 여자애가 다른 남자를 사귀었다는 얘기를 듣게 된 것을 계기로 나는 폭발해 버렸고 나 자신에게 너무 화가 나서 무슨 일이 있어도 매력적인 남자가 되겠다고 결심을 했었다.

그리고 그때의 그 작은 결심이 나를 30대가 되어서야 원하는 여자를 만날 수 있는 남자로 변화시켰고 그렇기에 지금 당신이 읽고 있는 "이상형의 여자를 얻는 유일한 방법"이라는 책은 내가 한국 사회에서 찐따남으로 살다가 20대 글래머만 만나는 남자로 변화된 비결을 모두 담은 기록이라고 할 수 있다.

대한민국에서 여자 문제를 겪고 있는 모든 남자에게 이 책을 바친다. 현실이 어렵다고 해서 부정적인 사고방식에 빠져서 남을 시기하는 것으로 청춘을 낭비하는 바보들은 내 책을 읽지 않겠지만 자신의 발전을 위해 책을 읽고 스스로 고민을 해 본 다음에 현실에서 책의 내용을 실천해 보는 유형의 남자들은 내 책이 원하는 여자를 만나고 행복하게 살아가는 데 무척이나 큰 도움을 줄 것이라고 확신한다.

왜냐하면 이 책에는 내가 한국 사회의 현실에서 연애에 대해 경험한 진짜 이야기가 과장 없이 적나라하게 기록되었기 때문이다. 나처럼 젊은 시절을 찌질하게 보내고도 30대 중반에 접어들어 이상형의 여자만을 만나는 경지(?)에 오른 사람은 내 주변은 물론이고 우리 사회 전체에서도 얼마 존재하지 않을 것이다. 보통 사람은 30대만 되어도 그동안 자신에게 형성된 성향 중에 그 어떤 것도 바꾸기가 쉽지 않다.

내가 만약 유명해지고 싶은 욕구가 있어서 방송 활동 등을 하기 위한 목적으로 이 책을 썼다면 이 책은 다른 연애 책들과 다르지 않았겠지만 나는 익명이라는 보호장치를 통해 대중의 평가를 신경 쓰거나 눈치를 볼 필요가 없는 상태에서 남녀 관계에 대해서 내가 깨달은, 있는 그대로의 진실을 모두 폭로하려고 한다.

나는 픽업 아티스트가 아니며 앞으로도 연애 유료 강의나 연애 콘텐츠를 판매할 생각이 전혀 없는 사람이다. (책 홍보를 위해 유튜브 채널만 운영) 그러므로 내 이야기는 홍보를 위해 자신들이 세상에서 가장 인기 있다고 떠드는 픽업 아티스트들이나 연애 유튜버들의 이야기와는 질적으로 다를 것이고 상당히 쉽고 간단명료하면서도 꼭 필요한 지식만을 당신에게 전달할 것이다.

이 책의 장점은 지루한 전문 픽업 용어 따위가 전혀 등장하지 않고 오로지 내가 여자에게 인기가 없던 시절에 그랬듯이 이상형의 여자를 어려워하는 남자들이 어떻게 원하는 여자를 얻는 남자로 변화될 수 있는지에 대해서 아주 이해하기 쉽게 알려 준다는 것이다.

상당히 거만하게 들리겠지만 전 세계적인 인기를 누리고 있는 앤드류 테이트나 유명 픽업 아티스트, 유료 연애강의를 진행하는 연애 강사들까지도 이름 없는 나의 책보다 당신의 연애에 더 큰 도움을 제공하지는 못할 것이다.

왜냐하면 그들은 '지식의 저주'에 빠져 있어서 자신의 올챙이 적 시절에 맞는 합당한 조언을 하지 못하기 때문이다. 즉 이미 매력남이 된 상태에 익숙한 그들은 당신의 눈높이에 맞는 현실적인 조언을 하기가 힘들다는 것이다.

그러나 나의 강점은 나는 30대에 접어들어서도 찌질했던 남자라는 사실이다. 그렇기 때문에 연애에 어려움을 겪는 남자들을 누구보다 더 잘 공감할 수 있고 올바른 대안 또한 제시할 수 있다.

나는 이 책 한 권을 읽고 누구라도 원하는 여자와의 연애에 성공할 수 있도록 하기 위해서 정말 심혈을 기울였고 고뇌의 시간을 거쳐서 글을 써 나갔다. 처음 썼던 다소 어설펐던 전자책의 내용을 계속해서 수정하면서 중요한 부분들을 추가했고 그동안 나의 과거 시절로 돌아가 그때 내가 느꼈던 어려움을 되새기면서 과거의 나에게 알려 준다는 생각으로 책을 썼기 때문에 당신은 이 책 한 권만 참고해도 원하는 여자와 연애할 수 있는 남자로 거듭날 수 있을 것이다.

사실 우리가 남자로서 인생을 살아가면서 돈만 엄청나게 많다고 행복한 것도 아니고 수많은 여자와 성적 관계를 맺는다고 행복해지는 것도 아니다. 그저 내가 너무나 좋아하는 이상형의 그녀를 얻어서 서로 사랑하며 행복하게 살아가는 것이 남자가 인생에서 가장 큰 행복을 느낄 수 있는 길임에도 이상하게도 이런 부분에 대해서는 건강한 도움을 받기 힘든 현실이 이해가 되지 않았다. (어그로성 유튜브 영상과 쓸데없이 비싸기만 한 연애 강의는 많다.)

나는 이 책을 통해 당신에게 진화론적인 사고방식이 왜 연애 성공에 걸림돌이 되는지 간접적으로나마 알려 줄 것이고 당신이 동의하든 동의하지 않든 당신은 신의 형상에 따라 창조된 개성 있는 존재이기에 당신만의 캐릭터에 맞는 남성성을 발휘함을 통해 당신이 원하는 여성의 관심과 사랑을 받을 수 있는 남자가 되도록 이끌어 줄 것이다.

이 책을 제대로만 활용하면 당신은 원하는 여자를 반드시 얻게 될 것이다

지금은 영상 플랫폼의 시대이고 유튜브 시대이기에 이제는 책 읽기가 필요 없다고 주장하는 사람들이 있다. 그러나 그렇게 말하는 사람들이 정말이지 간과하고 있는 사실은 간편한 정보 습득을 위해서 글을 읽는 것보다 간단한 영상을 보는 것이 나은 상황은 분명히 존재하지만….

그것은 '감자 맛있게 삶는 법'과 같이 시각화된 장면을 그대로 따라 하려고 할 때나 그림으로 개념을 이해해야 하는 경우로 국한된다. 우리가 책을 읽어야 하는 이유는 모르는 걸 깨닫기 위해서도 있지만 아는 걸 분명하게 하고 마음에 새긴 뒤 실천으로 이어지게 하기 위함이 더 크다.

이미 수많은 연구 자료와 사람들의 증언만 봐도 알 수 있지만 영상이란 놈은 보고 나면 정말 놀라울 정도로 쉽게 잊혀지지만 반복해서 읽는 책의 내용은 뇌리에 새겨지고 책을 읽는 동안은 물론이고 책을 읽지 않을 때에도 스스로 생각을 하게 만든다. (인간은 글과 언어를 통해 사고하기 때문이다.) 이것이 독서가 당신의 인생에 놀라운 효과를 가져다줄 수 있는 이유인 것이다. 아무리 훌륭한 자기계발서나 대단한 명저라고 할지라도….

심지어 성경조차 우리가 읽었을 때 모르는 내용이 많지는 않을 수도 있다. 어떤 책이든 당신이 이미 들어 보았고 아는 듯한 내용을 얘기하고 있을 가능성이 높지만 그 내용들을 들어 보았다고 해서 아무런 실천을 하지 않고 있는 당신이 그 내용을 진정으로 깨달았다고는 말할 수 없을 것이다.

그러나 독서를 통해 당신이 실천해야겠다는 생각이 든 행동들을 제대로 인지하고 반복해서 실천하는 사람들은 인생에서 거의 모든 것을 성취할 수 있게 된다. 그래서 사람들이 책을 '인생의 공략집'이라고 부르는 것이다.

당신이 이 책을 구입한 뒤 한번 쭉 훑어보고 말 것이라면 내게 몇천 원의 책 판매 대금이 들어오는 것을 제외하면 내 노력은 별 가치가 없다. 이 책은 당신이 계속 반복해서 읽고 애매모호하거나 공감이 되는 부분은 표시를 해 가며 피드백하며 익혀야 하는 책이다.

평생 그렇게 할 필요는 없겠지만 당신이 이상형의 여자를 얻게 되고 언제라도 원하는 여자와 연애를 시작할 수 있는 남자로 변화될 때까지는 책을 반복해서 읽어야 한다. 그리고 대부분 내 말을 듣지 않을 것 같긴 하지만… 다른 연애 관련 영상이나 책들을 함께 봐서 일관성 없이 헷갈려 하지 말고 이 책 한 권을 집중적으로 읽고 실천하는 기간을 반드시 가지기 바란다.

당신은 이 책을 읽어 나가면서 여자를 다스리는 남자가 진정 매력 있는 남자라는 사실을 깨닫게 되겠지만 경험이 부족하기에 당장 무엇을 어떻게 해야 하는지 어린애처럼 질문하고 싶은 마음이 들게 될 것이다. 누구나 처음에는 그렇다. 그래서 나는 친절히 남녀 관계의 성공을 위해 무엇을 실천해야 하는지 모든 것을 'part3'에 세세하게 기록했다.

한 번뿐인 인생 후회를 남겨서는 안 된다

죽음을 앞둔 많은 사람들이 가장 후회하는 것이 다른 사람들의 기대에 맞춰 자신의 인생을 살았던 것이라고 한다. 즉 "남들 눈치 보지 않고 내가 원하는 인생을 살았더라면…"이라는 후회를 가장 많이 한다는 것이다.

어느 성공한 영화감독은 젊은 시절 보았던 이상형의 그녀를 평생 잊지 못하고 "그 여자에게 말 한 번 걸어 보았더라면"이라는 후회를 가지고 평생을 살았다고 한다. 이상형의 여자를 얻지 못한 후회와 열정을 연료 삼아 영화감독으로 성공했다고 하는데 나는 그 이야기를 들으면서 참 안타까웠다. 도대체 이상형의 여자가 무엇이기에 말 한번 걸어 보지 못해 평생을 후회하며 살아야 하는가? (물론 과거의 나도 수십 번 그랬었지만.)

당신은 그렇게 후회로 점철될 인생을 살지 않았으면 한다. 솔직해지자! 남자로 태어나서 원하는 여자 한번 안아 보지 못하고 죽는 것은 너무 슬픈 일이다. 당신이 수천억 원을 가진 자산가라 하더라도 원하는 여자와 연애 한 번 해 보지 못한 상태로 사치스럽게 소비를 즐기며 산다고 한들 행복할까? 원하는 여자를 만나지 못하고도 행복하게 살아갈 수 있는 남자는 없다고 생각한다.

그렇기에 내 책의 독자가 되어 준 고마운 당신이 꼭 이상형의 여자와 연애하고 결혼하여 행복하게 살아가게 되기를 진심으로 응원한다.

PART 1

당신이 원하는
여자를 얻지 못하는 이유

대부분의 남자가 연애를 위해 하는 노력은 틀렸다

예전에 직장 상사인 형이 나에게 결혼하기 전 여자친구에 대해 말했던 적이 있었다. 그 여자친구는 몸매도 섹시하고 얼굴도 예뻐서 사귀는 동안 엄청 행복했고 밤마다 화끈한 시간을 보냈다고 하길래 내가 물었다. "왜 그 여자분이랑 결혼 안 하시고 지금 형수님이랑 결혼하셨어요?"

그러자 그 형은 전 여자친구가 섹시하긴 했지만 결혼 상대로는 적합하지 않았다며… 지금 형수님은 예쁘지는 않아도 살림 잘하고 참한 스타일이라서 결혼을 하게 되었다고 말했다. 그런데 내 눈에는 그 형의 결혼 생활이 전혀 행복해 보이지 않았고 형수님을 진정 사랑해서 결혼했다는 느낌이 들지 않았다.

물론 나도 연애할 때는 행복을 주나 결혼 상대로는 아닌 여자들이 이 세상에 많이 존재한다고 생각한다. 그렇지만 예쁘고 섹시한 모든 여자가 그렇다고는 생각하지 않는다. 이 세상에는 분명 '예외'라는 것이 존재한다. 그렇다면 남자들이 외모가 자기 마음에 들면서 성격도 신붓감에 걸맞은 여자를 찾아 나서야 할 것인데… 과거의 나를 포함해 대부분의 남자는 그런 노력을 거의 하지 않는다.

  남들 다 하는 소개팅에 연연하거나 출석하는 교회나 모임 등에서 예쁜 신입회원이 들어오기만을 간절히 바라며 수동적인 자세로 좋은 인연이 나타나길 기다린다. 그러나 매력적인 여자와 소개팅을 하거나 내가 있는 모임에 그런 여자가 들어온다고 해서 그런 여자를 자동적으로 사귀게 되는 것은 당연히 아니다.

  내가 매력적인 남자가 아니라면 언제나 연애에 실패하게 될 것이 뻔한데 좋은 여자를 기다리기만 하는 남자들은 마치 격투기 선수가 훈련은 전혀 하지 않으면서 더 강한 상대와 매치가 빨리 잡히기를 기다리고 있는 것과 다를 바가 없다. 준비되어 있지 않으면서 마음만 급하니 어차피 좋지 못한 결과만이 예정되어 있는 것이다. 대부분의 남자들의 성향이 이렇다 보니 한국 사회를 보면 참 연애 못하는 남자들로 가득하다. 아니 정확히 말해 매력 없는 남자들로 가득하다고 해야 할 것 같다.

  연애 자체야 못생겨도 하고 돈 없거나 나이가 많아도 할 수 있는 것이기에… 엄밀히 말해 연애 자체가 어렵다기보다는 자신이 원하는 이상형의 여자와 연애하는 것이 어려운 것이다. 실제로 많은 남자가 자신이 원하는 여자와 연애하지 못하는 것이 우리 사회의 냉정한 현실이다. 사회적으로 성공한 남자들조차 자신의 이상형의 여자와 연애하고 결혼하는 경우가 드물다. 내 말이 과장 같으면 주변에 결혼하신 분들께 한번 물어보길 바란다. 자신의 완벽한 이상형의 여자와 결혼했는가를….

사회적으로 성공한다는 것도 쉬운 일은 결코 아닌데 그렇게 대단한 성공을 거둔 사람들조차 왜 이상형과 결혼하지 못하는 것일까? 좋은 조건을 가지고 있는 남자들조차 원하는 여자를 만나지 못하는 이유는 바로 거절에 대한 '두려움' 때문일 것이다. 저렇게 섹시하고 아름다운 여자는 무조건 나를 거절하고 수치심을 느끼게 만들 것이라는 두려움… 내 마음에 드는 외모와 몸매를 가진 여자는 다른 남자들의 눈에도 너무나 섹시해서 좋은 가정을 꾸릴 만한 상대가 되지 못할 것이라는 두려움….

"내가 저 여자를 차지하더라도 다른 남자에게 뺏기는 상황이 생기면 어떡하지?" 하는 부정적인 생각들에 갇혀 있는 남자들이 수없이 많다. 남자는 본능적인 수준에서 이러한 두려움을 느끼는 것 같고 이러한 두려움이 이상형과의 연애를 위한 시도조차 하지 못하게 남자들의 손발을 묶는다. 마치 매달 나오는 월급이 주는 안정감을 포기하지 못해 끔찍이 싫은 직장을 수십 년 참고 다니는 것과 같이 많은 남성들이 그다지 성적 매력을 느끼지 못하는 이성을 만나 마음 편히 사는 대가로, 어쩌면 끔찍한 결혼 생활을 수십 년 해 나가는 것이다.

그런데 유독 소수이지만 이런 안정을 추구하는 남자들과 달리 항상 매력적인 여자를 만나고 이상형의 여자에게도 인기 있는 남자들을 보면 그들에겐 연애가 전혀 어려워 보이지 않는다. 특별히 잘생긴 것도 아닌데 부러움을 살 만한 여자친구를 항상 데리고 다니고 이상형의 여자친구와 결혼해서 행복하게 사는 남자들이다. 일명 '네추럴' or '알파메일'이라고 불리는 그런 남자들은 여자들이 좋아하는 성향이 자연스럽게 형성돼 있는 경우가 대부분이다.

사실 냉혹한 진실을 이야기하자면 우리는 인생에서 무언가를 타고나서 잘하게 되는 경우가 상당히 많다. 연애에 있어서도 특별히 가진 것이 없는데도 여자 앞에서 자신감이 넘치는 친구들은 분명 존재한다. 그렇지만 사실 그들만 연애하는 능력을 타고난 것이 아니라 모든 남자가 여자에게 인기 있을 수밖에 없는 '남성성'을 타고 난다. 남자와 여자가 서로 매력을 느끼고 사랑하는 것은 너무나 당연하고 자연스러운 것이기 때문이다.

당신이 대다수의 여성에게 매력이 어필되지 못하고 있는 남자라면 분명 어딘가 당신이 잘못하고 있는 부분이 있어서 그런 것이지 타고난 매력이 없어서가 아니다.

다만 우리가 살아가고 있는 현대사회는 당신이 여자의 비위를 맞추며 살아가도록 미디어를 통해 세뇌시키고 있으며(그들의 의도가 어떻든지 간에) 남녀 관계에 대해서 거짓이 정말 많은 곳이다.

또한 도시에만 사람들이 흘러넘쳐서 수많은 연애 경쟁자가 발생할 수밖에 없는 현실이기에 소수의 남자만 멋진 여자와의 연애를 누리게 되고 연애 경쟁에서 뒤처지는 남자들은 제대로 된 기회조차 얻지 못하는 악순환에 빠져 소중한 청춘이 지나가는 동안 가슴 뛰는 연애 한 번 하지 못하게 되는 것이다.

매력남 vs 찐따남

이러한 현대사회의 흐름 속에서 내가 당신에게 분명하게 얘기할 수 있는 것은 마음에 드는 여자에게 잘해 주기만 한다고 해서 여자의 마음을 얻을 수 있는 시대는 지나갔다는 것이다. (특히 한국 사회에서는 말이다.) 우리 MZ 세대의 부모님들 시대 때는 연애가 지금처럼 힘들지도 않았고 뽀뽀하면 결혼해야 한다고 생각했던 시절이었다.

'남자는 하늘이고 여자는 땅'이라는 말을 아무렇지 않게 하던 시절이었고 미디어에서 여자에게 이상형이 무엇이냐고 인터뷰하면 "존경할 수 있는 남자요" 하고 대답하는 여자들이 꽤 있던 시대였다.

지금의 모로코와 같은 이슬람권 국가들에서는 여전히 그런 남녀 관계의 위계질서가 존재한다. 그러나 요즘의 한국 사회는 어떤가? "이상형이 어떻게 돼요?"라는 질문에 여성들은 "어깨가 넓고 키는 180cm가 넘어야 하며 잘 생겨야 해요!" 하고 뻔뻔스럽게 대답하는 시대가 되었다. 심지어 어떤 여자들은 남성의 성기 크기에 대해서도 운운한다. 그러나 남자들에게는 이상형을 잘 물어보지도 않고 만약 남자가 여자들의 방식대로 전 "가슴이 풍만하고 골반이 큰 여자가 좋아요" 하고 대답했다가는 여성들로부터 상당한 비난을 감수해야 할지도 모른다.

그렇다! 지금은 원하는 여자와 연애하는 것이 너무나 힘든 일이 되어 버렸다. 여성의 눈높이와 인권은 하늘 높이 치솟았고 남자들이 여자 비위를 맞추어야 한다는 생각이 팽배해진 현실을 우리는 살고 있는 것이다.

이처럼 우리가 사는 세상은 변했는데 우리 주변의 연애 조언들은 조금도 변하지 않았다. 아직도 대부분의 사람들이 여자가 원하는 행동을 하면 여자가 자신을 좋아해 주는 것처럼 생각을 하고 그런 유형의 연애 조언들을 남발하고 있다. 사실 이런 조언을 하는 것은 어찌 보면 당연하다.

좋아하는 여자가 있는데 그 여자에게 싸가지 없게 대하고 막말을 하라고 조언하는 사람이 어디 있겠는가? 그러나 사실 남자가 여자관계에 있어서 어려움을 겪는 것은 남녀 관계에 대한 근본적인 프레임을 잘못 가지고 있기 때문이다. 당신이 남녀 관계에 대한 올바른 생각과 방향성만 가지고 있다면 특정 상대에게 호감을 느낄 때 그 여자의 마음을 얻기 위해 주변의 지인들에게 조언을 구하거나 여성 유튜버의 영상을 참고하는 바보짓은 더 이상 하지 않아도 될 것이다.

누구나 주변을 둘러보면 자신의 지인들 중에 여자를 쉽게 얻는 매력남이 1, 2명은 존재할 것이다. 그런 매력남들은 남에게 연애 조언 따위는 구하지도 않고 자신의 있는 모습 그대로 자신감 있게 행동하는데도 원하는 여자를 곧잘 만나며 살아간다. 우리 주변에서 극소수로 존재하는 매력적인 남자들에게는 어떠한 특징이 있다. 당신이 그들의 특징을 참고해서 큰 틀에서 따라 한다면 그것만으로도 분명히 큰 매력을 지니게 될 것이다.

감사하게도 내 주변에는 아주 '매력적인 남자' 동생과 미안하지만 아주 매력 없는 '모쏠 남자' 동생이 존재했다. 그 둘과 친하게 지내고 함께 여자를 만나며 놀아도 보면서 나는 어떻게 행동하면 여성들에게 매력적이 되고 어떻게 행동하면 여성들로 하여금 내가 싫어서 소름 끼치게 만들 수 있는지를 정확히 습득하게 되었다.

나도 평범한 순진남들처럼 유료 픽업 강의도 들어 보고 해외 유명 픽업 아티스트들의 책을 읽으면서 남자가 여자를 어떤 방향성으로 대해야 하는지를 습득했었는데… 내가 책으로 깨달은 올바른 방향성을 아무런 노력 없이 자연스럽게 수행하고 있는 매력적인 남자들이 여성들을 유혹하는 모습에서 남녀 관계에 대한 거의 모든 것을 깨달을 수 있었던 것 같다.

찐따 같은 동생 vs 매력적인 동생

먼저 30대임에도 모쏠인 남자 동생에 대해 말하자면… 이 동생은 나쁘지 않은 외모를 가졌으나 너무 자신의 외모에 집착을 하고 자신의 외모 상태가 마음에 들지 않는 날이면 금방 자신감을 잃어버려 집 밖으로 나오지도 않으려 하는 성격이었다.

피부가 뒤집어지면 얼굴에 온갖 스티커를 덕지덕지 붙인 상태로 밖에 나오곤 했는데 사실 피부가 안 좋아진 것보다 얼굴에 붙은 패치들 때문에 기괴해 보임에도 그 사실을 본인만 모르는 것 같았다.
　여자들은 남자의 이목구비 잘생긴 것을 따지기보다 전체적인 스타일을 많이 보는데 자신의 이목구비와 피부 상태에 지나치게 민감해했다.

항상 픽업 아티스트들의 유튜브를 보고 순간적인 동기부여를 받더라도 실제적인 행동에는 거의 나서지 않았다. 그저 순간적으로 할 수 있다는 희망을 주는 메시지만 쫓고 일상에서의 매력 변화는 조금도 없었던 것이다. 어쩌다 용기 내서 여자의 번호를 받게 되어도 번호를 얻었다는 사실에만 기뻐할 뿐 혹시나 연락했다가 거절당할까 봐 연락을 시도조차 하지 않고 매번 절대 실패하지 않으려는 '완벽주의'의 자세를 보였다.

여자 경험이 없으니 여자에 대한 환상이 지나치고 금사빠라 자기가 속한 소셜에서 조금만 이쁘장한 여자를 보면 짝사랑을 시작하고 상대는 자신의 존재를 잘 알지도 못하는데 내가 상대방을 좋아하는 만큼 상대도 내게 관심이 있을 거라는 망상을 하며 혼자서 결혼 상상까지 하곤 했다.

그러다 솟구치는 욕구를 절제하지 못하고 상대의 의사는 전혀 신경 쓰지 못하는 흥분상태로 선톡을 날리고 답장이 빨리 오지 않으면 재차 카톡을 하고 생일에는 선물을 주는 등의 부담스러운 행동을 통해서 일방적인 애정을 마음껏 전달하였다. 그리고 이것이 '남자다운 방식'이라고 생각했다.

그러나 매번 여성들로부터 제발 연락하지 말아 달라는 말과 함께 카톡 차단을 당했다. 이런 숱한 실패를 셀 수 없이 겪고도 또다시 호감 가는 이성이 생기면 카톡 프로필에 좋아하는 여자에 대한 마음을 고백하는 글을 써 놓거나 관종처럼 보일 만한 글들을 마구 써 놓았다. (누가 보면 여자친구에게 쓴 것인 줄로 착각할 만한 글귀들을 말이다.)

자신이 상대방에게 호감이 있다는 사실을 알리지 않으면 상대를 잃어버리게 될 것이라고 여기는 것 같았다. 그러나 실상은 이러한 부담스러운 행동이 매번 상대방을 멀어지게 하고 있었고 이 사실을 아무리 얘기해 줘도 결코 깨닫지 못했다. 평소에 자기 관리도 엉망이라 몸에 좋지 않은 음식을 마음껏 먹고 운동이라고는 전혀 하지 않으면서도 '얼굴이 이쁘면서 가슴이 거대하고 골반이 넓은 여자'만 만나기를 원할 정도로 눈도 높았다.

그러나 항상 집에 박혀서 야동이나 보고 매력을 갖추기 위한 어떠한 노력도 하지 않는 상태로 막연히 운명의 배우자를 만나게 될 것이라는 기대에 갇혀 정신적 자위행위만 하며 살아갔다. 당연히 이 동생은 앞으로도 절대 원하는 여자를 만날 수 없을 것이다. 냉정하지만 이 세상은 지나치게 게으른 자에게는 결코 만만치 않은 곳이다. 아니, 더 적나라하게 말하자면 세상은 패자에게는 굉장히 잔인한 곳이다.

반면에 매력 있는 다른 동생은 어릴 적부터 공부면 공부, 싸움이면 싸움, 운동까지 다 잘하는 그런 엄친아였다. 항상 상황과 상관없이 자신감이 넘쳤고 언제나 아름다운 여자친구와 연애를 했고 다양한 경험을 통해 성장을 거듭하는 그런 친구였다. 시간이 갈수록 이 친구는 꾸준한 운동을 통해 몸도 계속 좋아졌고 만나는 여자들의 수준도 갈수록 높아졌으며 자기 자신에 대해 자부심 또한 굉장히 높아져 갔다.

이 친구가 여자를 대하는 태도는 언제나 당당했고 자신감과 자존심이 강했다. 자기보다 잘나고 돈이 많은 사람이라도 자신을 하대하는 태도에는 성별을 떠나서 강하게 저항했다. 언제나 유쾌했고 여자를 놀릴 줄 알고 매번 자신감 있게 여자에게 접근했다. 외모나 성격이 완벽한 것과는 거리가 멀었지만 외모를 나름 잘 가꾸었고 운동을 해서 체격도 매우 좋았다. 그러나 그런 외적인 것들보다 훨씬 중요해 보였던 것은 이 남자는 여자가 쉽게 생각할 수 없는 그런 성격을 가진 남자였다는 것이다.

이 동생은 항상 내가 자기보다 더 뛰어난 외모를 가졌다고 말했다. 보편적으로 여성들이 잘생겼다고 할만한 외모에는 내가 조금 더 가까웠고 키도 내가 더 컸다. 그렇지만 언제나 이 동생은 나보다 압도적으로 인기가 많았었다. 정말 놀라운 것은 클럽에 가든 길거리에서 여자에게 말을 걸든 그는 항상 여자에게 섹시함을 전달했다.

과거의 나는 만나는 것을 상상도 하기 힘든 예쁘고 섹시한 여자들을 이 동생은 짧은 시간 안에 유혹해서 스킨십을 하고 침대로 데려가곤 했다. 이 동생이 여자와 술자리를 한 뒤 여자를 침대로 데려가지 못한 적은 단 한 번도 없었던 것으로 기억한다. 나는 여러 여자와 잠자리를 가지는 것이 부럽지는 않았지만 대단한 몸매의 여자를 차지하는 능력은 솔직히 부러웠다. 그래서 나보다 나이가 한참 어리지만 그 동생을 '스승'처럼 생각하고 그가 여자를 대할 때의 모습을 항상 면밀히 관찰하며 분석하려고 노력했다.

나는 과거에는 마음에 드는 여자가 앞에 있으면 항상 진지해지고 긴장하는 버릇이 있었다. 아마 대부분의 남자가 과거의 나와 같을 것이다. 아무 관심 없는 여자에게는 막 대하고 편하게 하니 유머 감각도 자연스럽게 발휘되고 매력이 넘치는 모습을 보여 주는데 관심 있는 여자 앞에서는 실수하지 않을까 조심하다 보니 경직되고 매력 없는 모습만 보여주게 되었었다. 내가 이런 남자의 전형적인 케이스였다.

그러나 이 동생은 어떤 외모의 여자 앞에서도 행동하는 방식이 정확히 똑같았다. 평상시에 여자를 대하는 모습 그대로 모든 여성들을 대했다. 그리고 이 동생은 정확히 거의 모든 이성에게 '매력 어필'이 되었다. 이러한 모습을 보고 나 또한 영향을 받아 실제로 좀 더 편안하게 여자를 대하게 되면서부터 내 이성 관계는 짧은 기간에 상당한 진보를 이루기 시작했다.

그러나 여자 앞에만 서면 찐따가 되는 나의 다른 동생에게는 나의 이러한 경험과 수많은 연애 조언들을 해 줘도 그 당시에는 이해했다며 성급하게 고개를 끄덕이었지만 시간이 조금만 지나도 그는 '원래의 행동 패턴'으로 되돌아갔다. 좋아하는 여자가 생기면 집착하고 부담스럽게 했으며 여자가 싫어하는 행동을 고집했다. 이러한 모습을 보면서 나는 해외의 유명한 주식 트레이더가 한 명언이 생각났다.

"누구나 시장에서 원하는 것을 얻는다"라는 말… 내 방식대로 확장해서 표현해 보자면, "누구나 인생에서 원하는 것을 얻는다"라는 말로 고칠 수 있겠다.

누군가는 정말로 변화하길 원하고 도전해서 원하는 여자를 쟁취하는 삶을 살기도 하지만 누군가는 계속해서 자기 방식을 고집하며 모태솔로로 평생 사는 것을 원한다는 말이다.

입으로는 아니라고 해도 하는 행동들을 보면 스스로 원하는 것을 실천하며 사는 것이다. 그러니까 우리 주변에는 '불편한 노력'을 해서 달라지느니 그냥 자기 성향대로 행동하면서 실패하는 삶을 사는 것을 원하는 사람이 더 많다는 것이다.

잘해 줘서 차이는 것이 아니라
찐따라서 차이는 것

자신이 이성에게 전혀 매력적이지 않게 행동하면서 여자에게 거절을 당하면 자신은 순정을 가지고 잘해 줬는데 자기 마음을 짓밟았다고 하면서 여자를 욕하는 찐따남들이 있다. 나도 그랬었던 적이 있기에 그 심정 이해 못 하는 것은 아니나 그 찐따남들이 착각하는 것이 있는데 여자는 잘해 주는 남자를 싫어한다는 것이다.

이 말이 얼마나 멍청한 말인 줄 아는가? 당신은 당신에게 잘해 주는 여자가 싫은가? 나에게 잘해 주는 사람을 싫어하는 정신병자는 없다. (있다면 정말 정신병자인 것이다.) 당신이 여자에게 잘해 줘서 차이는 것이 아니라 찐따같이 잘해 줘서 차이는 것이다. 사람이 찐따이니 잘해 줘 봤자 여자가 더 싫어하는 것이다.

'영업사원의 겉치레'와 같은 '목적이 있는 잘해 줌'을 좋아하는 사람은 없기 때문이다.

어느 여자가 전혀 성적 매력이 느껴지지 않는 이성이 자신과 성적 관계를 맺고 싶어서 인위적으로 잘해 주는 것을 느끼고 기분 좋아 하겠는가? 당신의 목적이 이성 관계에 대한 것이 아니고 순수하게 어떠한 사회적 관계 때문에 잘해 줬다면 그 이성이 그토록 불쾌해하지는 않았을 것이다.

당신 입장에서 순수한 마음으로 좋아하는 것도 당신에게 성적 매력을 느끼지 못하는 상대방에게는 굉장히 부담스럽고 혐오스러운 것이 될 수 있다는 것을 이해해야 한다. 사람들은 오류적인 사고방식에 빠지기가 쉬운데 초보자가 주식을 사서 그 주식이 많이 오르면 자신이 종목 선택을 잘해서, 즉 자신의 종목 발굴 능력이 뛰어나서 수익이 발생했다고 생각한다. 반면에 철저한 분석 끝에 주식을 샀는데도 주식이 많이 하락하면 자신의 분석 실력이 형편없어서라고 생각하게 된다. 주식시장은 굉장히 다양한 변수에 의해서 움직이기에 뉴스를 분석한다고 해서 절대 오르고 내리는 타이밍을 맞출 수 없는 방대한 곳임에도 사람들은 언제나 단기적인 결과의 좋고 나쁨을 통해 단순하게 결론을 내리는 것이다.

'잘해 줬는데 차였으니 여자에게는 잘해 주면 안 된다'라는 사고방식이 바로 그런 '단순한 사고방식'이다.

그렇다면 다른 훈남이 잘해 주는데 그 남자에게 감동해서 사귀는 여자는 어떻게 설명할 것인가? (찐따남들은 "역시 여자는 잘생긴 남자만 좋아해"라고 단순하게! 결론 내릴 것이다.) 현실은 그렇게 단순하지 않은데 찐따남들이 단순한 사고방식이라는 안경으로 세상을 바라보기에 그렇게 단순하게

만 보이는 것이다. 우리가 사는 세상에서는 잘생겼다고 원하는 여자를 무조건 얻는 것도 아니고 돈이 많다고 연애가 자동으로 이루어지지도 않는다.

잘생긴 외모와 뛰어난 경제력은 당신이 여자를 대할 줄 아는 남자일 때 증폭기가 되어 당신의 연애를 쉽게 만들어 주는 요소이지 그것 자체가 모든 것을 해결해 주는 마법의 지팡이는 결코 아니다. 당신은 이렇게 생각해 본 적이 없을 수도 있지만 만약 당신이 돈이 많고 잘생겼는데 그에 걸맞은 자신감이 없다면? (현실에서는 이런 남자가 수두룩하다.)

여자는 당신이 좋은 조건에도 불구하고 찐따 같은 태도를 가지고 있기에 당신을 더욱 형편없는 남자로 여기게 될 것이다. 좋은 조건을 가지고 있음에도 자신감이 없는 모습을 보이게 되면 여성으로 하여금 당신에게 부족한 다른 점이 있을 것이라 의심하도록 만들게 되는 것이다. 그러니 단순한 사고방식을 가지고 당장 눈앞의 현상에만 함몰되거나 단기적인 연애의 결과에만 집착하지 말고 여성들과 소통하며 알아 가는 모든 순간에서 '올바른 판단'과 '올바른 노력'을 해 나가라!

보고 싶은 대로 보지 말고 진짜 팩트를 보라는 것이다. 당신이 정확히 무엇 때문에 여성들에게 매력을 전달하지 못하는지 깊게 생각하라는 것이다. 당신이 이러한 자세로 스스로에 대한 진실을 깨달아 나간다면 앞으로는 원하는 여자를 얻는 것이 결코 어렵지 않을 것이다.

짝사랑도 고백도 제발 하지 마라!

나는 이 세상에 왜 '짝사랑'이라는 단어와 '고백'이라는 단어가 존재하는지 모르겠다. 사랑은 둘이서 하는 것인데 혼자서 사랑하는 짝사랑이라는 것은 너무 부질없는 짓이라 생각한다. 또한, 왜 고백을 해야 하는가? 가톨릭 신부 앞에서 고해성사를 하듯이 당신이 여자를 좋아하는 죄를 고백이라도 해야 하는 건가?

고백할 타이밍 같은 것을 알려 주는 연애 강사는 전부 다 초짜다. 짝사랑은 하지 말아야 하고 고백이라는 것도 없어도 된다. 남녀 관계는 자연스럽게 이루어지는 것이지 두근거리는 마음으로 "사실은 당신을 예전부터 좋아해 왔어. 이제 나의 여자친구가 되어 줘"라고 구걸하면 여자가 "생각할 시간을 줘"라고 한 다음 심사숙고를 한 끝에 "그래 우리 한번 알아 가 보자"라고 답변을 주는 그런 것이 아니다.

사실 여자가 심사숙고를 한다는 것 자체가 당신이 매력이 부족하다는 증거다. (당신은 이상형의 여자와 사귈지 말지 신중하게 결정을 하는가?) 당신 혼자서 여자보다 앞서가서 좋아하지 말고 그저 '관심' 정도를 가지고 상대와 양방향으로 소통을 해 나가면서 여자의 마음 속도와 맞춰 가야 사랑이지 혼자서 마음 키우고 망상을 하는 짝사랑은 사랑이 아니다. (내가 과거에 자주 하던 짓이다.)

탁구를 칠 때 나 혼자서만 계속 라켓을 휘두를 수 있는가? 상대가 반격을 해야 티키타카를 이어 나갈 수 있다. 정확히 사랑과 연애는 이런 것이다. 내가 한 번 다가가면 상대가 한 번 다가와야 진행이 되는 것이다. (카톡 대화도 마찬가지) 그러나 대부분의 찐따남들은 사랑이 아니라 '우상숭배'를 하고 있기 때문에 연애에 실패할 수밖에 없는 것이다.

호감이 있는 여성의 화장하고 꾸민 외모만 보고 지나친 환상에 빠져서 상대를 마음에 품고 계속해서 혼자 상상의 나래를 펼친다. 그리고는 이 세상에 그 여자 하나밖에 없는 것처럼 섣불리 순정남이라는 프레임에 갇혀 버린다. 상대에게 무작정 고백부터 해서 내 감정을 알려야 한다는 잘못된 집착 심리로 아무리 고민을 해 봤자 상대는 그런 내 마음을 제대로 알 수도 없고 어느 날 나 혼자서 그렇게 마음을 키운 사실을 알게 되면 '혹시 스토커가 아닐까?' 하는 생각이 들어서 소름 돋게 될 수도 있다. (특히나 지금처럼 강력범죄가 많은 현실에서는 더더욱…)

연애를 축구로 비유하자면 골키퍼와 일대일 찬스일 때 꼭 슈팅을 때려야만 골이 들어가는 것이 아니고 드리블로 골키퍼를 제치고 골대 안으로 공을 몰고 들어가도 골은 인정된다. 그런데 꼭 강한 슛으로 골대를 통과해야만 골이 인정되는 것처럼 찐따남들은 먼 거리에서 고백이라는 강한 슛만을 시도한다. 당신은 도저히 중거리슛을 해서 골을 넣기 힘든 먼 거리임에도 무모하게 슈팅을 시도하는 축구선수를 보고 황당해했던 적이 있을 것이다.

　당신이 지금껏 남녀 관계에 있어서 그렇게 행동해 오지는 않았는가?

　당신이 상대방에게 그 정도로 호감을 품어 왔다면 어차피 상대 여자도 당신의 호감을 눈치채고 있을 가능성이 높을 것이다. 상대가 당신의 호감을 느끼지도 못하고 있는 상황이라면 당신에 대해서 '아웃 오브 안중'이라는 얘기인데 어차피 실패할 거 왜 성급한 고백을 고민하는가? 고백 같은 거 하지 말고, 그냥 여자로 하여금 당신과의 대화를 통해서 당신에게 매력을 느끼고 자동적으로 반응하게 만들어라! 고백을 통해 설득하지 말고 매력에 반응하게 하라는 것이다.

　이성 간에는 서로 매력이 통하면 자연스럽게 스킨십을 하게 되면서 연인 관계로 발전하게 된다. 당신이 경쟁자들보다 선착순으로 먼저 '찜'한다고 여자를 차지하게 되는 것이 아니라 좋아하는 여자의 선택지 중에서 당신이 가장 매력이 있는 남자가 될 때 여자를 차지하게 되는 것이다.

　당신이 좋아하는 여성에게 고백을 하지 않은 상태로 관계를 진행해 나가다가 만약 여자가 "오빤 왜 고백 안 해?" or "우리 무슨 사이야? 확실하게 해 줘"라고 말하는 일이 생기면 그때 사귀자고 하던지…. (이런 말을 듣는 남자가 진짜 매력남) 아무튼 서로 그런 관계로 들어서지도 않았는데 혼자 김칫국 마시고 "언제 고백하지?" 하는 바보 같은 고민을 하는 것은 연애 실패의 지름길이라는 것을 명심하기 바란다.

찐따의 특징

찐따남들의 허세와 위선을 버리자

찐따남들 중에는 여자 앞에서는 '스윗남인 척'하지만 남자끼리 있을 때는 심지어 싸가지가 없기까지 한 경우가 많다. 자기 의견을 앞뒤 없이 딱 얘기하고 상대에게 기분 나쁠 얘기도 서슴없이 하는 배려심 없는 남자들이 많다. 그러나 이런 남자들은 맘에 드는 여자만 보면 비위를 맞추려고 좋은 얘기만 하려 하고 경직된 모습을 보인다.

이런 모습은 남녀를 떠나 사람이라면 누구나 매력 없게 볼 모습이다. 원하는 여자를 얻기 위해 일시적으로 여자의 비위를 맞추는 것은 비겁한 행동이기 때문이다. 그리고 그런 인위적인 친절을 통해 여자 마음을 얻으려고 위선적인 노력을 했다가 여자가 거절하면 여자를 욕하고 비난하는 모습도 진짜 남자의 모습과의 거리가 멀다.

그렇게 여성과의 관계에 수없이 실패하여 자존감이 낮아진 남자들은 눈만 높아져서 여자 외모를 평가하기만을 좋아하고 자신이 없어서 다가가지도 못하면서 어떤 여자를 봐도 자기 스타일이 아니라고 합리화를 한다. "여자 하나 만나려고 무슨 노력을 하냐? 그 정도로 노력해서 여자 만나기 싫다. 한국 여자들은 마인드가 썩었다"(일부 팩트이긴 함) 등의 자신의 매력 없음을 감추기 위한 변명을 늘어놓으며 허세만 부린다.

그들은 솔직하지 못하다. 여자를 얻을 자신이 없는 것을 숨기기 위해 여자에게 관심이 없는 척하지만 항상 그들의 시선은 여자의 외모나 글래머러스한 몸매에 꽂혀 있다. 가슴이 큰 여자가 좋으면 좋다, 엉덩이가 섹시한 여자가 좋으면 좋다고 솔직하게 인정하면 큰일이라도 나는가? 찐따들은 언제나 자신이 없기에 노력하지 않을 변명거리만 찾아낸다. 이상형의 여자를 원하는 당신은 그들처럼 찌찔해 보이는 허세를 부려서는 안 된다.

술을 퍼마시고 유흥을 즐기는 것은 찐따의 특징

찐따남들은 얘기한다. 남자가 한 번씩 유흥을 즐기는 것과 연애를 잘 하는 것과는 상관이 없다고 그러나 정직하게 얘기해서 예쁘고 몸매 좋은 여자 얼마든지 만날 수 있는 남자들은 유흥업소에 한두 번 가 볼 수는 있어도 그런 곳에 빠져들지는 않는다.

왜냐면 그런 곳에서 돈을 받고 몸을 파는 여자들은 더럽기도 하고 나를 사랑해서 관계를 가지는 것이 아니니 잠시 몸을 허락한 뒤 빠르게 돈만 받아가기를 원한다. 그래서 매력적인 여자에게 얼마든지 어필이 가능한 남자들은 아름다운 여자친구를 만나서 마음껏 스킨십을 나누고 성적 관계를 가질 수 있기 때문에 유흥에 크게 관심이 없을 수밖에 없다.

조금의 돈만 쓰면 쉽게 얻을 수 있는 단기적 보상에 익숙해진 남자가 매력적인 여자를 차지하는 그런 일은 현실에서 쉽게 일어나지 않는다. 이것은 아주 단순한 인생의 원리다. 힘든 일을 마다하면 원하는 것을 얻을 수 없다. 하기 싫고 불편한 것을 해내야 성취의 기쁨을 맛볼 수 있는 인생에서 습관적으로 편안한 감정만 추구하는 인간들은 언제나 '실패자'가 된다.

제발 동남아시아에 가서 문란한 여성들과 어울리지 마라. 그 나라들에도 미인이 많고 섹시한 여자들도 있겠지만 찐따들이 유흥여행을 가서 만나는 여자들은 아주 문란하고 싸구려 같은 마인드를 가진 여자들이기 때문에 하는 말이다. 물론 당신이 외국 여자가 좋아서 외국 여성과 연애를 할 수도 있다. (part4에서 다룬다.) 사랑에는 국적이 중요한 것이 아니기에 나는 그런 것을 뭐라고 하는 것이 아니라 왜 노력 없이 쉽게 여자를 만날 수 있는 환경을 찾으며 순간적인 쾌락을 좇아 '유흥여행' 따위나 다니냐는 것이다.

나 또한 국제결혼에 대해서 진지하게 관심이 있지만 유흥업소를 가거나 결혼정보업체 따위를 통해서 여자를 만날 생각은 추호도 없다. 흔히 동남아시아 여자를 만나는 남자들에게 그 여자들은 결국 도망갈 거라는 얘기를 많이 하곤 하는데, 내가 한국 여자들에게도 인기가 있고 여자가 떠날 수 없는 매력적인 남자라면 외국 여자를 사귄다고 그 여자가 통장 들고 본국으로 도망을 가겠는가? 절대 그럴 수 없을 것이다. (매력 없는 남자가 결혼업체를 통해 결혼하니 그런 일이 일어날 뿐!)

그러므로 한국 여자를 만나든지 외국 여자를 만나든지 당신이 하고 싶은 대로 하면 되지만 오로지 매력으로 승부해서 여자의 마음을 얻어야 한다는 것을 절대 잊지 않았으면 좋겠다. 그리고 평소에 술을 자주 퍼마시는 것은 자기 관리가 전혀 안 되고 있다는 증거다. 나는 술을 잘 마시는 편이지만 주말에 가끔 간단히 맥주 정도 마실 때가 있을 뿐 '꽐라'가 될 때까지 술을 마시지는 않는다. 개인적으로 술과 유흥을 멀리해야 오히려 이상형의 여자를 만나 연애하기가 쉬워진다는 것을 경험으로 알고 있어서이다.

어차피 이상형의 그녀와 연애하면 둘이 주말마다 술 한잔하고 사랑도 나누고 할 수 있는데 왜 솔로일 때 술에 집착해서 피폐한 삶을 살아가는가?

비참한 노총각이 되고 싶은가?

길거리를 걷다 보면 가슴이 크거나 엉덩이가 섹시한 여자들이 지나갈 때 50대 이후의 아저씨들이 배고픈 강아지처럼(강아지는 귀엽지만 아저씨들은 징그럽다.) 눈을 부릅뜨고 음흉하게 여자를 쳐다보는 것을 가끔 보게 된다. 이런 아저씨들 때문에 '시선 강간'이라는 표현이 생겨난 것이 아닌가 싶다.

그런 모습을 볼 때마다 내가 늙어서 저런 모습이 되면 스스로 너무 부끄러울 것 같다는 생각이 들곤 한다. 그러한 아저씨들은 나이를 먹어서 젊은 여자의 관심을 받을 길은 없는데 당장 눈앞의 어린 여자에게는 성욕이 강하게 느껴지니 그저 눈으로 갈망하는 짐승이 되고 마는 것이다. 실제로 내가 직장생활을 할 때 겪었던 수없이 많은 50대 이상의 아저씨들은 젊고 어린 여성에 대해서 더러운 음담패설을 자주 하곤 했었다. 가정이 있는 아저씨들이 그런 소리를 할 때마다 나는 저렇게 살고 싶지 않다는 생각을 많이 했었다.

그래서 비교적 젊을 때 원하는 여자를 얻기로 결심했던 것이다. 나는 벌써 30대 후반이지만 잘 관리해서 30대 초반으로 보이고 40대까지는 나쁘지 않은 비주얼로 살아갈 수 있도록 자기관리를 하고 있다. 흔히 자기관리를 하지 않은 중년 남성들은 40대만 되어도 정말 처참하게 늙어버린다. 배는 나오고 머리는 벗겨지고… 이런 말 해서 미안하지만 쳐다만 봐도 냄새가 날 것만 같은 비주얼을 하고 있다.

 자신은 아무렇게나 음식을 먹고 운동이라고는 하지 않아서 그런 처참한 몰골이 되었으면서도 여자는 예쁘고 섹시한 여자를 원한다. 그러고는 아직도 여자에게 순정을 다 바치면 여자가 자신을 좋아해 줄 줄 알고 그 여자가 사회적인 예의 때문에 자신에게 매몰차게 하지 못하고 상냥하게 대하는 것이 자신에게 희망이 있는 것이라(메타인지 박살) 여겨 선물 공세를 하며 매번 시간을 낭비한다. 설사 그런 전략으로 결혼을 한다고 한들… 여자에게 설거지 당하는 결말밖에는 존재하지 않을 것이다.

 남자라면 찌질하게 살아가지 말자! 남자답게 멋지게 청춘을 보내고 원하는 이상형과 결혼한 뒤 인생의 후반부는 가정에 충실하며 의미 있게 생각하는 가치를 쫓으며 살아야 하지 않을까? 그래야 짐승과는 다른 인간다운 삶을 사는 것이라 할 수 있겠다.

페미니즘 시대에 찐따는
여자를 만날 수 없다

　나는 페미니즘은 심각한 '정신병'이라고 생각한다. 당신이 페미니즘이라는 개념에 대해서 관심이 있든지 없든지 간에 전 세계는(아랍 국가들 제외) 지금 심각한 수준으로 페미니즘 사상에 노출되고 있다는 사실을 알아야 한다. 우리나라의 경우 정치인들이 페미니즘 사상을 가지고 국민들을 선동해 온 역사가 길고 멍청한 여자들과 그보다 더 한심한 남자들까지 그런 페미 사상에 물들어 버려서 사회가 썩어 가고 있다. (페미 사상에 대항해 나온 것이 레드필 이론이다.)

　정치인들은 표를 얻기 위해서 남녀를 갈라치기하고 서로 혐오하도록 정치사상을 주입시키고 있다. 이런 상황이 너무 웃기지 않은가? 나는 페미가 싫기 때문에 레드필 이론의 신봉자도 되고 싶지 않다. 여성들에게는 순결을 강조하면서 남자는 여러 여자와 섹스를 하는 것이 진화적으로 본능이라 어쩔 수 없다는 개소리에 동의하지 않기 때문이다. (당신 아버지가 그런 마인드로 어머니를 두고 외도를 해 온 남자라면 존경스럽겠는가?) 이런 마인드를 가지는 남성들은 페미녀들을 욕할 자격도 없다. 극좌나 극우나 결국에는 동일한 인간들이기 때문이다.

우리는 사랑하는 아버지와 어머니를 통해 이 세상에 왔다. 그런데도 남성을 혐오하고 여성을 혐오하는 것은 우리 아버지와 어머니를 혐오하는 것과 근본적으로 다르지 않다. 나 또한 과도한 여성 우월주의에 빠져 있거나 피해의식에 젖어 있는 특정 한국 여성들을 혐오하지만 그렇다고 모든 한국 여자를 혐오하지는 않는다는 것을 분명히 밝혀 둔다.

개인적으로 압도적으로 아름답고 몸매가 훌륭한 그런 여자가 인성까지도 훌륭하다면 나는 그 여자가 도도하고 깐깐하게 남자를 따진다고 해도 그다지 나쁘게는 보지 않을 것이다. 어쩌면 그렇게 따지는 것이 합당한 일일 수 있기 때문이다. 아무런 노력도 하지 않고 살아가는 찐따남이 아름다운 여자를 원해서 일방적으로 자신의 마음을 고백한다 한들 왜 그 여자가 찐따남의 마음을 받아 줘야 하는가?

이런 경우 양심이 없는 쪽은 자신의 가치보다 더 높은 가치를 가진 여자를 원하는 찐따남이다. 이렇듯 문제는 항상 자기가 가진 가치보다 더 높은 가치를 얻으려고 할 때 일어난다. 화장을 해야 겨우 이뻐 보이는 애매한 수준의 외모를 가지고 있으면서 여성이라는 이유로 자신이 당연히 대우받아야 하며 특권을 누려야 한다고 생각하는 멍청한 여성들이 있다.

요즘에는 어떤 모임에 가거나 종교단체 같은 곳을 가더라도 이러한 개념 없는 여성들을 쉽사리 만날 수 있다. 이제 우리가 살아가는 사회는

'여자 〉 남자'라는 부등호가 현실이 되어 버린 것이다.

여성들이 단체로 공주병, 도끼병에 걸려 버린 듯 이 생각이 모자란 여성들은 남자들을 항상 당당히 평가하고 자신들의 마음에 들려면 '이렇게 해야 한다 저렇게 해야 한다'와 같은 얘길 미디어에까지 출연하여 뻔뻔스럽게 지껄인다. 결혼할 때는 남자가 아파트를 해 와야 한다거나 데이트 비용은 남자가 많이 내야 한다고 주장하고(더치페이 하는 나라가 더 많음) 남자는 무조건 항상 참고 이해해야 한다는 식으로 프레임을 씌우며 가스라이팅을 하는 여성들 또한 너무 많다.

이제부터 우리 대한민국 남자들은 모든 여성들에게 최소한 동등한 입장에서 질문을 해야만 한다. "그럼 너는 나에게 무엇을 해 줄 수 있는데? 너는 객관적으로 얼마나 대단한 외모를 가졌니? 미래를 위해 모아 놓은 돈은 얼마나 있니?" 등등….

매번 비싼 화장품을 사고 언제나 미래에 대한 준비 없이 쇼핑만 처 하며 여행 다닐 궁리만 하는 똥 같은 일부 여성들… 그리고 그런 여성들의 비위나 맞추면서 살아가는 남성들 또한 많아져 가서 갈수록 사회가 병들어 가고 있음을 느낀다. 이제 남녀 관계에 있어서 이러한 불공정 거래를 유발하는 사상과 인식들은 사라져야만 한다.

계곡에서 남편을 내연남과 함께 살해하는 그런 악마 같은 여자가 현실에 존재하면 안 된다. 자신이 스토킹하던 여성이 자신의 마음을 받아 주지 않는다고 흉기로 살해하는 정신병자들도 사라져야 한다. 정상적인 대한민국 남자라면 이제 누구나 각성해야 한다. 우리나라 사람 대부분이 싫어하는 일본이라는 국가는 페미니즘에 대한 대응에 있어서만큼은 국가적 차원에서 우리보다 훨씬 더 현명하게 대처했다. 그리고 그 결과로 지금 일본 여성들의 성향은 잘 알지 않는가? (적어도 페미는 아니다.)

당신은 페미니즘에 물들지 않은 이상형의 여자를 만나야 한다

만약 당신이 지금 호감을 가지고 있는 여자가 아무리 아름다운 외모를 가진 여자라 해도 페미니즘적인 마인드를 가지고 있는 것이 확인되었다면 마치 좀비 영화에서 좀비 바이러스에 감염된 친구에게 총을 쏠 수밖에 없는 것처럼 생각하고 그 '페미 좀비'를 당신에게서 끊어 내야 한다. 이 세상에는 정말 많은 여자가 있고 아름답고 몸매가 환상적인 여자도 비율적으로는 소수일지 모르지만 전체 인구를 놓고 보면 상당히 많다. 차고 넘치는 그런 여자들 중에 왜 페미니즘적인 마인드를 가진 여자를 만나려 하는가?

내 마음에 쏙 드는 여자는 많지 않다고? 그것도 당신의 착각일 뿐이다. 당신이 아름다운 여자를 하루에 수십 명씩 마주칠 수 있는 환경에 있다면 이런 착각에서 쉽게 벗어날 수 있을 것이다. 그러니 제발 여자의 외모가 마음에 들더라도 마인드가 합격인 여자와만 관계를 발전시켜 나가길 바란다.

PART 2

여자를 다스리는 남자

흔히 찐따남들은 여자를 거의 만나 보지 못했거나 여자친구를 사귀어도 매력적인 남자의 모습으로 리드하며 사귀지 못하기에 여자가 좋아하는 남자에게 얼마나 적극적으로 행동하는지 평생 모르고 사는 경우가 대부분이다. 실제로 나 또한 그랬었다. 30대 초반까지도 여자가 하는 말을 표면 그대로 믿었기에 여자는 남자를 별로 안 좋아하는 줄 알았고 여자는 섹스를 원하지 않는 동물인 줄 알았다.

돈이 많거나 잘생기면 무조건 여자한테 인기가 많은 줄 알았고 잘해주고 다정다감하면 여자들이 내게 감동해서 내 사랑을 받아 줄 것이라고 생각했다. 그러나 전혀 다정하지 않은 나의 친한 동생이 너무나 쉽게 아름다운 여자들을 차지하는 모습을 보면서 나는 여자가 매력적인 남자에게 얼마나 쉽게 몸을 허락하는지 그리고 자신이 매력을 강하게 느끼는 남자에게 예쁘고 몸매 좋은 여자들도 엄청나게 집착하고 매달린다는 사실을 알게 되었다.

매력적인 동생과 함께 처음 보는 여자에게 말을 걸어 술자리에 합석하거나 했을 때 그 동생이 여자와 모텔에 가지 못한 적은 단 한 번도 없었다. 우리가 접근한 여자마다 헤픈 여자이거나 섹스에 환장한 여자일 수는 없을 텐데 단 한 번의 예외도 없이 이런 일이 일어난다는 것에 나는 충격을 받았다. 여자는 겉으로 안 그런 척할 뿐이지 스킨십을 굉장히 좋아한다. 성관계에서는 남자보다 여자가 황홀함을 더 크게 느낀다. (실제로 여자의 생식기는 남자의 생식기보다 감각을 훨씬 더 미세하게 느끼도록 설계되어 있다.)

그렇지만 대부분의 여자는 평소에는 부끄럽고 수치스러워서 성적인 부분에 대해서 잘 말하지 않을 뿐이고 매력 없는 찐따남에게 그런 섹스에 대한 얘길 하거나 야릇한 모습을 보여 줄 일이 없어서 대부분의 매력 없는 남자들은 이러한 사실을 잘 모르고 살아가게 되는 것이다. 실제로 30대 초반까지 성 경험도 거의 없고 여자랑 키스도 거의 못 해 봤었던 내가 정말 놀랄 수밖에 없었던 것은 여자들 중에 처음에는 스킨십을 계속 거부하던 여자라 할지라도 나에게 매력을 느껴 달아오르면 엄청 격앙된 모습으로 스킨십을 하는 여자가 적지 않았다는 것이다.

성관계를 하고 싶다고 직접적으로 표현하고 가슴을 만져 달라고 하는 식의 표현들을 일부의 여자만 한 것이 아니라 대부분의 여자가 했다. 잠자리에서도 내게 올라타서 거칠게 애무를 하며 소리를 지르는 여자도 있었다. (목을 깨물어서 피멍이 들었던 적도 있다.) 그리고 흔히 여성의 오르가슴에 대해서 이런저런 얘기들이 많지만 여자가 남자를 정말로 좋아하고 매력을 강하게 느끼게 되면 그것만으로 쉽게 오르가슴에 도달하고 주체하지 못할 정도로 흥분한다는 것을 알게 되었다. (오르가슴에 대한 자세한 내용은 part3에서 알려 주겠다.)

내가 원하는 여자로부터 그런 넘치는 사랑(?)을 받는 경험들은 찐따였던 나에게는 정말 믿을 수 없을 만큼 신기한 경험들이었다. 무엇보다 내가 남성으로서 여자에게 인기가 있고 매력이 있다는 사실이 내 자존감을 크게 올려 줬던 것 같다. 만약 당신이 지금껏 살면서 원하는 이상형과 연애한 적이 한 번도 없거나 아름다운 여자와 스킨십을 해 보지 못한 과거의 나와 같은 찐따남이라면 매력남으로 거듭나서 좋아하는 여자와 스킨십을 하게 된다면 정말 황홀한 감정을 느끼게 될 것이다.

그리고 장담하건대 남자가 매력을 가지게 되면 여자와 스킨십을 하기까지 절대 긴 시간이 필요하지 않다. 만나자마자 성관계를 가지는 그런 것이 중요한 것은 결코 아니지만 원한다면 몇 시간 안에 충분히 무엇이든 할 수 있게 된다. (여자 성향에 따라) 그러니 스킨십을 얼마나 빠른 시간 내에 할 수 있는지, 그런 것에 집착하지 말고 당신이 원할 때 여자에게 무엇이든 시도할 수 있는 선택권을 가진 남자가 되었으면 좋겠다.

성경에는 남녀 관계의
절대적 진실이 담겨 있다

　이 세상의 대부분의 남자들은 아름다운 여자의 비위를 맞추어야 한다는 사고방식을 가지고 살아가고 있다. 그렇지만 내가 주장하는 바처럼 당신이 여자를 다스리는 남자가 되면 여자가 거부하기 힘든 매력을 가지게 되는 것은 남녀 관계에 있어서 '진리'이며 이것은 대한민국에서만 해당하는 이야기가 아니다.

　아메리카, 아시아, 유럽 할 것 없이 이 책을 읽을 수 있는 나라의 독자라면 전 세계 어디에서나 통하는 남성의 전략이다. 이것은 남녀 관계의 본질에 대한 대단히 상식적인 이야기이고 진실이지만 이 세상은 남녀 관계에 대해 점점 거짓으로 세뇌당하는 사람이 많은 형국으로 가고 있어서 안타깝다. 당신이 어떻게 느낄지 모르지만 나는 이 세상이 진화의 산물이 아니라 '신의 창조'로 이루어졌다고 믿는다. 나는 종교인이 아님에도 이러한 믿음을 가지고 있다.

　당신이 진화론을 연애에 적용하는 사람들의 주장을 반박하는 나의 의견에 동의하든 동의하지 않든 그것은 중요하지 않다. 어찌 됐든 남자가 원하는 여자를 얻는 것에 있어서 복잡한 진화심리학 따위는 사실 언급할 필요조차 없는데도 모든 연애 강사들이 진화심리학과 진화생물학 이론을 자주 언급하곤 한다. 그러나 복잡한 이론 따위는 필요 없이 남자는 남자답게 여자를 다스리면 원하는 여자를 얻게 된다. 나는 기독교인이 아님을 분명히 밝히지만 내가 경외하고 사랑하는 책인 '성경'에도 이 내용은 분명하게 나온다. (사실 기독교를 굉장히 싫어한다.)

남자는 여자를 다스려야 한다고!!!

너는 남편을 원하고 <u>남편은 너를 다스릴 것</u>이니라

(창세기 3장 16절)

여자는 남자를 원하고 남자는 여자를 다스려야 한다. 지금 우리 사회는 남자가 여자를 얻기 위해 비위를 맞추고 여자를 쫓는 것이 당연하다는 프레임을 남자들에게 씌우고 있지만 성경은 완전히 다르게 얘기하고 있다.

여자가 남자를 갈망하고 남자는 여자를 다스려야 한다는 것이다.

내가 실제로 현실에서 남녀 관계에 대해서 경험한 것도 이 성경 말씀과 정확히 일치한다. 세상이 내게 주입하는 생각과는 다르게 여자를 다스리고 여자가 나를 쫓도록 하면 남녀는 서로 행복한 연애를 하게 되는 것이다.

남자는 언제나 여자를 다스려야 한다는 것. 이것 하나만 이해해도 당신의 이성 관계는 앞으로 놀랍도록 달라질 수 있을 것이다.

여자는 자신을 다스려 줄
남자를 찾고 있다

흔히 여자 경험이 너무 적거나 지금 사회의 주류 사고방식에 세뇌된 남자들은 여자를 다스려야 한다는 말에 거부감을 느낄 수도 있겠지만 그런 남자들이 느끼는 거부감과 상관없이 여자는 남자에게 다스림을 받아야 행복함을 느낄 수 있는 존재다. 만약 내 말에 동의할 수 없다면 당신이 좋아하는 아름다운 여자에게 무조건 잘해 주기만 하고 직장상사를 대하듯 깍듯하게 대해 보라. 그리고 그 여자가 당신을 남자로 느끼게 되는지 지켜보기 바란다.

남자가 여자를 다스리는 것은 나쁜 것이 아니다. 다스리는 것은 학대하는 것도 아니며 나보다 못한 존재로 생각해서 깔아뭉개는 것도 아니다. 사랑하며 아껴 주면서도 얼마든지 다스릴 수 있는 것이다. 남자는 육체적으로 여자보다 훨씬 강하고 정신력은 육체의 영향을 크게 받으니 결론적으로 남자는 피지컬적으로 그리고 정신적으로도 여자보다 강한 존재다. 그러므로 남자가 여자를 지켜 주고 다스리는 것은 어찌 보면 당연한 것이다.

나는 우리 집 강아지를 정말이지 나의 자식으로 생각하고 무척 사랑한다. 매일 뽀뽀해 주고 안아 주며 먹을 것을 구해 주고 항상 보호하고 지켜 준다. 그렇지만 나는 강아지에게 휘둘리지 않고 내 의사를 분명히 전달하며 매 순간 다스린다. 내가 강아지를 다스린다고 해서 강아지를 학대하는가? 강아지를 우습게 여기는가? 결코 아니다. (물론 강아지보다 내 여자가 더 소중하다.)

매력적인 여자들은 자신들을 감당할 수 있고 언제나 다스리고 지켜 줄 진짜 상남자를 찾고 있다는 사실을 깨닫기 바란다.

진짜 남자가 되어라

매력적인 여자들이 여자를 다스릴 수 있는 진짜 상남자를 갈구하는 이유는 본능적으로 그러한 남자가 성적 매력이 있기 때문이다. 여자들 중에 첫 데이트에 무엇을 먹으러 갈지 질문하는 남자를 좋아하는 여자는 없다. 그리고 키스해도 되는지 섹스해도 되는지 등의 동의를 구하는 남자를 좋아하는 여자도 없다. 이것은 국적을 불문하고 모든 인류가 익히 알고 있는 사실이다. 이것만 봐도 여자는 남자에게 리드당하기를 바라고 남자가 자신을 다스리고 지켜 주기를 바라는 존재다.

성적 행위 자체도 남자가 여자를 다스릴 수 있어야 할 수 있는 것이지 여자 비위나 맞추는 남자가 어떻게 여자를 성적으로 만족시켜 줄 수 있겠는가? 그러나 아이러니하게도 지금 세상은 남성들의 '남성성'을 거세

시키고 있는 중이다. 남자가 남자답게 말하고 행동하는 것에 재갈을 물리지 못해서 안달이 난 사회란 말이다.

이러한 사회 분위기 속에서 언제나 지루하고 매너 있는 척만 하는 남자들에게 질린 여자들 앞에 우리는 여자를 두려워하지 않는 진짜 남자들이 되어 원하는 여자를 쟁취해야 한다. 이러한 진짜 남자들은 언제나 극소수일 수밖에 없고 엄청나게 매력적일 수밖에 없다.

매력남의 세 가지 절대 요소

그렇다면 이제 여자를 다스리는 남자가 되는 것이 남녀 관계에 대한 올바른 방향성이라는 것을 알게 되었으니 좀 더 자세하게 매력을 구성하는 세 가지 절대적인 요소에 대해서 생각해 보자!

1. 진정한 의미에서 능력 있는 남자 (조건이 아니다.)
2. 이목구비가 아닌 비주얼이 멋진 남자 (패션, 스타일)
3. 어떤 여자 앞에서도 자신감 있는 태도를 보이는 남자

한번 당신의 주변에 이런 세 가지 요소를 다 갖추고 있는 남자가 있는지 떠올려 보기 바란다. 내 주변에는 몇 명 없다. 그리고 당신 주위에도 이런 남자가 결코 많지는 않을 것이다. 이 세 가지의 요소를 어느 정도만 갖추고 있어도 원하는 여자를 쉽게 만날 수 있다. 그러나 이 중 한 가지가 심하게 누락되어 버리면 힘들다. 그렇다고 여자 만나는 것이 불가능한 것은 당연히 아니지만 말이다.

만약 이 세 가지 요소를 거의 완전한 수준으로 이루는 남자가 있다면

어떤 외모의 여자도 쉽게 차지할 수 있을 것이다. 정말이지 유혹하지 못할 여자는 없는 삶을 살게 될 것이다. 우리 사회의 젊은 남자 중 98%는 사실 매력적이지 않다. 그러나 대략 2% 정도의 남자들은 위에서 언급한 세 가지 요소를 높은 수준으로 갖추고 있으며 그렇기에 매력적이며 어떤 여자든지 만날 수 있는 능력과 자신감을 가지고 살아가고 있다.

이 매력적인 2% 정도의 남자가 연애에 대한 모든 것을 누리고 98%의 남자들은 대중적인 믿음을 가지고 그저 그런 삶을 살며 멋진 여자와의 연애에는 대체로 실패하게 된다. 이것은 연애 시장뿐만 아니라 주식 시장이나 다른 어떤 분야라도 거의 해당하는 이야기라고 생각해도 될 것 같다. 인생에서는 언제나 소수가 모든 것을 차지하게 되는 것이다.

그래서 연애에 있어서도 98%의 사람들이 하는 말은 당신에게 익숙한 얘기들이라 정답인 것 같지만 실제로는 대체로 틀린 말들뿐이다. 이런 얘기를 하면 2% 안에 들어야만 할 것 같아서 두려움을 느끼는 사람도 있을 수 있지만 누구나 완벽하지 않아도 마인드를 바꾸고 세 가지 매력 요소를 다듬어 나가기만 하면 2% 안에 드는 남자가 될 수 있다.

대단한 외모의 여자를 얻는 것이 엄청나게 어려운 일은 아니라는 것을 우리 주변을 조금만 둘러봐도 알 수 있으니 지금부터 자신감을 가지고 세 가지 매력 요소를 갖추어 나가 보도록 하자!

조건은 안 좋아도 능력은 있어야 한다

먼저 경제적인 조건은 타고나는 부분이니 부모님의 재력 같은 것은 제쳐 두고 내가 어떻게 능력을 갖춘 남자로 성장해 갈 것인지 생각해 보자.

우선 오해하지 말아야 할 것이 내가 말하는 능력은 대기업에 다니며 높은 연봉을 받는 것을 말하는 것이 아니다. 남자로서 내 인생을 주체적으로 살아가면서 책임감을 가지고 돈을 벌어먹고 살아갈 수 있다면 그 남자는 '능력 있는 남자'다. 이러한 마인드로 살아가는 남자는 결국에는 경제적인 성공에 이르게 될 것이 분명하다. 그리고 또한 우리가 익히 알고 있듯이 여자는 당장 돈이 엄청 많은 남자를 원하기만 하는 것이 아니라 경제적으로도 그리고 심적으로도 자신이 믿고 의지할 수 있는 남자를 원한다.

나 같은 경우도 가난한 집안에 특별히 내세울 것 하나 없는 인생이다. 지금 당장 경제적으로도 힘든 상황에 놓여 있다. 그러나 내가 확신하는 것은 현재의 내 계좌 잔고와 상관없이 나는 점진적으로 성공을 향

해 나아가고 있다는 사실이다. 코로나 사태를 통해서 많은 사람들이 깨달았겠지만 이제 오프라인에서 직장 생활만 하면서는 사실상 먹고살기가 힘든 시대다. 아니 먹고살 수는 있을지 몰라도 멋진 인생을 살기는 힘들다고 생각한다.

지금 시대의 경제 상황을 바라볼 때 앞으로 우리는 경제적으로 아주 어려워지고 험난해지는 세월을 살아가게 될 것이 너무나 분명한데 당신이 월급쟁이 생활에만 만족하고 살게 되면 앞으로 걱정거리가 너무나 많아지게 될 것이다. 그러므로 개인적으로 추천하고 싶은 방향성이 있는데 무엇이든 온라인을 활용한 비즈니스에 도전하라는 것이다.

현재 직장을 다니고 있는 사람이라면 투잡으로 시작해도 되고 직장이 없다면 소비를 최대한 줄이고 절약 생활을 하면서 인터넷 시장을 활용해 돈을 버는 것을 시도해 나가라는 것이다. 잘나가는 소수의 유튜버는 한 달에 억대로 돈을 번다. 이런 시대에 아무런 대비 없이 직장 상사에게 스트레스를 받아야 하는 직장만 다녀서는 앞으로 다가올 물가 상승의 시대를 감당하지 못하게 될 것이 뻔하다.

인플레이션과 기후변화, 전염병 등으로 이제 대부분의 대중들은 다 같이 가난해질 수밖에 없는 경제 환경이 도래했기 때문이다. 더군다나 직장에서 시키는 업무만 처리하는 수동적인 인간으로 살아가면 자신의 사고력과 창의성을 계발하는 기회를 잃어버리게 된다. 당신이 그토록 중요하게 생각하는 직장은 전혀 당신의 인생을 책임져 주는 곳이 아니기 때문에 직장에 의존하는 마음을 가져서는 안 된다.

당신에게 지금 당장 좋은 직장이나 든든한 통장 잔고가 없더라도 기죽을 필요는 전혀 없다. 나는 빚에 허덕이는 신용불량자임에도 원하는 외모의 여자와 연애하며 살아왔다. 누구라도 매력만 있다면 상황과 상관없이 연애는 할 수 있다. 그러나 남자답게 리드하며 행복한 연애를 하기 위해 누나에게 용돈 받으며 살아가는 것보다는 내가 능력 있는 남자로 성장하는 것이 좋을 것이다.

우리나라는 국토가 좁아서 배송 시스템이 잘 갖춰져 있고 인터넷이 전 세계에서 가장 발달한 나라이기에 모두가 인터넷과 스마트폰을 사용하고 있다. 이러한 현실을 비즈니스에 활용하기 위해 당신이 진지하게 노력만 한다면 돈을 벌 수 있는 기회가 정말 많은 곳이 대한민국이다. 당신이 이미 늦었다는 착각을 하지만 않는다면 말이다.

온라인 비즈니스 관련

이 책은 연애에 대해서 쓴 책이기에 비즈니스에 대한 자세한 내용은 기록하지 않았지만 남자로 살아가면서 경제적 능력이 없으면 얼마나 이성 관계에서 위축되는지 누구보다 잘 아는 사람으로서 조금이나마 도움이 될 만한 내용들을 얘기해 주려고 한다.

지금은 온라인을 활용해 많은 돈을 벌 수 있고 불특정 다수의 대중에게 내 콘텐츠나 상품을 판매할 수 있는 장점이 있는 시대이기에 돈을 벌 수 있는 기회가 정말 많은 것이 사실이지만 이런 분야에 문외한인 사람들은 잘 모르는 것에 무작정 투자를 하거나 무엇부터 해야 할지를 몰라 비싼 유료 강의부터 결제했다가 얻는 것이 거의 없이 재정적으로 큰 피해만 보는 경우가 허다하다.

나 또한 사기성이 다분한 판매자들의 말에 속아 재정적으로 큰 피해를 본 경험이 있기에 내 책을 읽는 독자들은 나와 같은 실수를 하지 않았으면 한다.

일단 당신은 모든 종류의 광고를 무시해야 한다

내가 확신을 가지고 말할 것이 있는데 단연코 광고라는 것은 패배자들을 위한 것이다. 세상은 언제나 소수의 생산자가 다수의 소비자를 상대로 판매를 해서 부자가 되고 많은 것들을 누리게 되는 곳이다. 그러니 기본적으로 당신이 생산하는 판매자의 마인드가 아니라 소비하는 소비자의 마인드를 가지고 광고를 보며 소비 중심의 생활을 한다면 당신은 인생에서 경제적으로 성공하기가 매우 힘들 것이다.

언제나 판매자들은 자신이 하는 일이 '돈 때문에 하는 일이 아니다.' 꿈을 좇아서 하고 있다는 식의 위선적인 말들을 한다. 그러나 진심으로 그런 말을 하는 사람은 극소수이다. 이 세상을 살아가는 사람들은 누구나 돈이 우상숭배의 대상이 될 만큼 엄청나게 큰 힘을 가지고 있다는 것을 안다. 그래서 나 또한 돈을 많이 벌고 싶은 사람 중의 하나다. 돈으로 자유를 사고 싶기 때문이다. 그렇지만 나는 다른 연애 장사꾼들과는 달리 내가 책에 담은 지식적 가치에 걸맞은 가격을 책정해서 판매하고 있다.

왜냐하면 나는 돈을 많이 버는 것이 결코 인생에서 최우선 가치가 아니기 때문에 성공하고 싶긴 하지만 정직한 방식으로만 재정적인 목표를 달성하고 싶다. 그러나 이 세상을 정직히 들여다봐라. 나처럼 생각하는 사람이 과연 얼마나 있는가를. 말로는 다 자신의 진정성을 어필한다. 그러나 그 사람들이 판매하는 상품의 가격을 보면 그 가격이 그 사람의 모든 진심을 보여 줄 것이다.(선교사가 판매하는 책의 가격이 시세보다 훨씬 더 비싼 경우가 많다.)

아무튼 당신은 광고를 무시하는 법부터 터득해야 한다. 당신이 무언가를 구매할 때는 광고를 참고해서 살 것이 아니라 철저한 리서치를 통해서 꼭 필요하고 당신의 목적에 도움이 되는 것들만 구입해야 한다. 광고는 판매자의 배를 채우기 위한 것이지 당신의 인생을 윤택하게 만들기 위한 것이 아니라는 것을 깨달아야 한다.

즉 항상 남이 당신에게 팔려고 하는 것을 사지 말고 당신에게 필요한 것을 직접 찾아보고 사는 습관을 들이라는 것이다.

성공한 사람들의 책을 읽고 그대로 하지 마라

대부분의 사람들은 돈을 많이 벌고 사회에서 성공했다고 하는 사람들의 이야기를 책이나 강의로 접하고 그들이 했던 대로 똑같이 하려고 한다. 그렇지만 흔히 말하는 자기계발서의 저자들은 일반적인 사람들과 다른 성향을 가진 사람들인 경우가 많다. 무언가 '결핍'이 있고 자기가 원하는 것을 이루기 위해 자기 몸을 갈아 넣을 수 있는 그런 유형의 사람들…. 이런 사람들은 대단하고 멋지다기보다는 어딘가 정서가 불안정하거나 과도하게 관종 성향을 가지고 있거나 또는 어떤 업적을 이루지 못하면 자기 자신을 증명하지 못했다고 생각하는 그런 부류인 경우가 많다. (그들이 입으로 무엇이라고 말하는가와 상관없이)

문제는 대다수의 사람들은 그 정도의 동기부여 자체가 없고 의지력이라는 것은 총량이 존재하는 자원의 하나이기에… 소수의 사람들처럼 결핍에서 오는 지나친 의지력을 발휘하기가 어렵다. 정상적인 사람이 비정상적 동기부여를 가진 사람들의 마인드를 듣고 그대로 따라 하려고 하면 자기 자신이 설정한 목표와 본인의 의지력의 한계 사이의 간극으로 인해 자주 스트레스를 받게 돼서 지속 가능한 성취를 이루기가 오히려 힘들어지는 악순환에 빠지게 되는 경우가 많을 것이다.

나는 단언컨대 엄청난 동기부여를 느끼는 그런 결핍을 가진 부류의 사람이 아니다. 내가 그런 부류였다면 이상형의 여자를 만나기 위해서 누가 시키지 않아도 하루에 100번씩 여자에게 어프로치를 하며 여자를 만나는 것에 집착하며 살았을 것이다. 실제로 이런 픽업쟁이 짓을 하는 남자들이 이 세상에는 꽤 많이 존재한다. 나는 그저 용기도 부족하고 소심해서 이상형의 여자를 보면 그 여자를 간절히 원하는 마음이 들지만 막상 시도하는 것은 없고 그저 일상생활에서 자기 관리 하는 것 말고는 큰 노력을 기울이지 못하는 그런 평범한 남자였다.

당신도 나와 같은 일반적인 남자라면 목표를 설정하고 그 목표를 의

지력으로 이루려고 하는 방식에 집착하여 스트레스를 받기보다는 올바른 방식과 방향성을 가지고 차근차근 이성과의 관계를 개선해 나가야 할 것이다. 이러한 방식이 가장 빨리 이상형의 여자를 얻는 길이며 비즈니스에서도 성공하는 방향성인 것이다.

평일 오전부터 저녁까지는 식사 시간 외에는 일에만 집중해라! 그리고 저녁에는 운동도 하고 여자도 만나고 너무 빡빡하게 살지 말고 잠도 7~8시간은 자라. 그리고 토요일 하루는 푹 안식을 취하고 다시 일요일이 되면 업무를 시작해라. 이렇게 산다고 열심히 살지 않는 것이 아니라 이것이 진정 균형 있게 열심히 사는 삶이다.

당신이 하루에 몇 시간 동안 일을 하고 공부를 하느냐는 사실 중요하지 않다. 이보다는 어떠한 일을 하든 얼마나 몰입할 수 있느냐가 당신의 성과를 결정하게 될 것이다.

돈도 인터넷도 증폭기에 불과하다

인터넷 시대, ChatGPT 시대가 되면서 똑똑한 사람은 더 빠르게 원하는 정보를 찾을 수 있으니 더 똑똑해지고 멍청한 사람은 알고리즘의 노예가 되어 눈앞의 만족을 위한 영상을 계속해서 클릭하게 되므로 더 쾌락적이고 단기적 만족에만 빠져 사는 멍청이로 전락하게 되었다. (그 결과 멍청이들을 상대로 어마어마한 돈을 버는 '슈퍼 멍청이'들 또한 늘어나고 있다.)

엄청난 기회가 주어진 시대이지만 기술의 발전이 똑똑해지려는 사람은 더 똑똑하게 만들어 더 많이 성장하게 하고 멍청한 사람은 더 멍청이가 되어 더 많이 소비만 하는 가난뱅이가 되도록 만들고 있는 것이다. 인터넷 시대가 된 지 이미 오래 지났지만 아직도 인터넷이라는 도구를 사용해 비즈니스를 할 생각조차 하지 못하는 사람들과 인터넷을 통해 소비자가 아닌 생산자로 거듭나는 사람들 사이의 경제적, 정신적 차이는 날이 갈수록 엄청나게 벌어지게 될 것이다.

세월이 가면 갈수록 더욱 극심하게 양극화가 일어나게 될 것이 뻔하다. 인터넷이라는 것이 우리 모두의 삶에 증폭기의 역할을 하고 있는 것이다. 결론적으로 소비자로만 생활하는 직장의 노예들은 욜로 마인드이든 저축에 목숨을 거는 사람이든 신용으로 살아가는 인생들이기에 끔찍한 미래를 맞이할 수밖에 없게 될 것이다. (나는 현재 신용 노예)

우리는 흔히 돈을 쫓지 말고 돈이 따라오는 삶을 살아야 한다고 얘기한다. 굉장히 훌륭한 말이다. 그러나 돈을 벌 수 있는 환경을 세팅해 놓은 다음에 돈이 따라오는 삶을 기대해야지 돈을 벌 수 있는 토대조차 만들어 두지 않고 열심히만 살면 돈이 따라온다고 믿는 것은 '시대착오적인 미신적 과대망상'에 불과하다.

오프라인에서만 직장을 다니고 장사를 하는 사람들이 나는 너무나 답답하게 느껴진다. 왜 지금이 온라인 시대인 것을 깨닫지 못하는가? 사람들은 인터넷을 활용해 쇼핑몰을 하거나 투자를 하는 사람들을 보고 그쪽은 경쟁이 더 치열해서 성공하기 어렵다는 말을 한다. 그러나 이러한 생각은 너무나 미신적이고 단순한 것이다.

당신이 상품을 판매하는 오프라인 상점을 특정 지역에서만 운영한다면 평생 그 지역을 지나가는 사람들에게만 물건을 판매할 수 있지만 인터넷에 물건을 올린다면 전 세계 사람들을 대상으로 판매를 할 수가 있다. 당신이 사는 지역의 인구와 전 세계의 인구 간에 큰 차이가 없다면 온라인 비즈니스에 대한 부정적 의견을 가진 사람들의 주장이 맞을지도 모르지만 현실은 무조건 온라인을 통해 비즈니스를 하는 것이 오프라인 상점과는 비교할 수 없을 정도로 유리하다. (단기적으로는 오프라인 상점이 유리한 경우가 있겠지만)

당신이 온라인으로 1원을 쉽게 벌 수 있는 시스템을 금방 만든다면 어쩌면 1,000억도 벌 수 있게 될 것이다. 이것은 누군가의 의견이라기보다 그저 '수학적 팩트'인 것이다. 그동안 우리는 500만 원 버는 사람 정해져 있고 1,000만 원 버는 사람이 정해져 있는 것처럼 사회적으로 세뇌되어 왔다. 그러나 우리가 사는 현실에서는 노력의 정도에 따라 버는 돈이 합리적으로 정해지는 것이 결코 아니다.

그러나 놀랍게도 아직도 많은 사람들이 이러한 생각을 가지고 있다. 그래서 여전히 안타깝게도 길 가는 사람들에게 부담을 주면서 폰팔이짓을 하는 사람들이 존재하는 것이다. 휴대폰을 가장 싸게 사는 경로는 대리점에서 폰팔이에게 사는 것이 아니라는 것을 이제 알 만한 사람은 다 안다. 그런데 왜 길가는 사람들을 부담스럽게 하며 호객행위를 하는가?

또한 우리나라의 30, 40대 남성들 중에 특별한 기술이나 전문지식을 가지고 있지 못한 사람들은 일명 '딸배'라고 불리는 오토바이 배달기사 일을 하고 있다. 돈을 벌기 위해 성실히 일하는 기사님들을 모욕하고자 하는 것은 결코 아니지만, 그저 당장 돈을 벌 수 있는 일을 찾아서 하루 벌어 하루 먹고 살고자 하는 마음으로 배달기사를 하는 젊은 남자들을 나는 도무지 이해할 수가 없다.

특히나 몸에 문신을 하고 교통법규를 심각하게 위반하며 행인들에게 피해를 주면서 배달 일로 먹고사는 젊은 남자들을 볼 때… 정말 너무 한심하게 느껴진다. 오토바이 몰아서 음식을 갖다주고 건당 몇천 원씩 받는 걸로는… 하루에 수천 건 배달을 할 수 있는 것도 아니기에 지금 시대에 이러한 일로 먹고사는 것을 보면 그들이 안타깝기까지 하다.

내 책을 읽고 있는 당신은 이 인터넷 시대에 걸맞게 온라인을 활용해 돈을 벌어 나가야 한다. 몇백억의 자산을 모으는 것이 중요한 것이 아니라 돈을 비교적 쉽고 깔끔하게 벌어서 당신의 젊은 시절을 원하는 여자랑 연애하며 멋지게 살아야 한다. 이 젊은 시절은 절대 다시 돌아오지 않는 소중한 것이기 때문이다. 돈이라는 종이쪼가리 자체에는 아무런 가치가 없으나 많은 사람들이 그것을 믿고 신봉하고 있기에 돈을 충분하게 손에 넣으면 당신의 인생을 참으로 효율적으로 만들 수가 있다. 왜냐하면 다른 사람들의 노동력을 내 계좌에 기록된 숫자를 통해 마음껏 이용할 수 있는 삶을 살게 되기 때문이다.

그렇기에 당신은 꼭 필요한 곳에는 돈을 화끈하게 쓰더라도 평상시에는 소비자 마인드가 아니라 어떻게 대중을 상대로 판매를 할 것인지를 고민하는 생산자 마인드를 가지고 살아서 당신의 계좌에 자동적으로 돈이 쌓여 당신이 사랑하는 여자와 원할 때마다 즐거운 식사와 데이트를 할 수 있는 남자로 거듭나야 한다. 남자는 경제적 능력만 갖추면 대부분의 어려움을 해결할 수 있는 시대다. 여자를 대할 줄 아는 매력을 갖추게 된 상태로 경제력 또한 어느 정도만 갖추게 돼도 당신은 남녀 관계에 있어서 경쟁을 두려워하지 않아도 될 만큼의 무서운 존재가 될 수 있을 것이다.

책을 읽을 수 있는 환경에서 태어난 것 자체가 부잣집 아들로 태어난 것!

당신이 혹여나 흙수저니 금수저니 하는 루저들의 표현을 사용하고 당신 스스로 부잣집 아들이 아니어서 푸념을 하고 있는 사람이라면 잘 들어라! 당신은 대한민국(부잣집)이라는 곳에서 태어났다. 전기와 가스가 무척 저렴하게 제공되고 만약 빚을 지면 채무조정제도를 활용하게 해주고 소득이 없는 사람에게는 기본 복지혜택을 주는 나라.

건강보험이 의무화되어 있고 부자들에게 엄청난 소득세와 보험료를 걷어서 모든 사람이 저렴한 가격에 병원을 이용할 수 있도록 만들어 놓은 나라에 살고 있다. 대한민국이라는 나라는 식료품 배달을 시키면 몇 시간 뒤에 문 앞에 갖다 놓기까지 하는 전 세계에서 가장 살기 좋은 나라 중 하나이다. (아직까지는…)

물론 앞으로도 대한민국이 살기 좋은 나라일지는 장담할 수 없고 사회적으로 이미 많은 문제가 나타나고 있는 것은 사실이지만 어찌 됐건 당신이 잘사는 나라에 살고 있다는 것은 인정해야 한다. 당신이 대한민국에 살고 있는 것이 아니더라도 이 책이 번역된 나라에서 살고 있어서 내 책을 읽을 수 있다는 것 자체가 부잣집 아들로 태어난 복 받은 사람이라는 증거다. 그러니 환경을 탓하지 말고 정말 기회조차 얻기 힘든 나라에서 태어나서 청춘이 다 지나서야 다른 선택지가 있다는 사실을 깨달을 수도 있는 그런 사람들에 비해 얼마나 감사할 일이 많은지 깨닫기를 바란다.

외모 안 본다는 여자들의
말은 개소리다

　대한민국에는 수많은 픽업아티스트들이 있고 그들이 운영하는 연애를 가르치는 업체들이 많다. 그들은 대부분 미국의 픽업 이론을 그대로 베껴서 한국의 순진남들에게 가르치고 있다. 그러나 미국의 픽업 이론을 그대로 가져와서 한국에 적용하면 안 되는 이유는 대한민국은 지나칠 정도의 외모지상주의 사회이기 때문이다. 우리나라만큼 패션과 스타일에 민감한 나라는 없는 것 같다. (나는 서양인들이 멋지게 차려입은 것을 거의 본 적이 없다.)

　세계적으로도 한류가 인정받고 있는 것을 보면 우리나라는 정말 국민적인 차원에서 잘 꾸미고 유행에 민감한 것을 알 수 있다. 더군다나 우리나라 여자들은 못 꾸미는 여자가 거의 없는 수준으로 옷을 잘 입는다. 요즘 여자들이 옷 입은 것을 보면 벌거벗은 것보다 옷 입은 모습이 훨씬 예쁠 것이라는 생각이 들 지경이다. 남자들은 몸이 좋으면 차라리 벗은 모습이 멋지지 않은가? 그러나 여자의 옷차림은 실제 몸매보다 훨씬 섹시해 보이게 만드는 효과가 있다. 어쨌든 우리나라에서 여자에게 접근할 때 남자의 스타일이 별로면 호감을 사기가 어렵다. 실제로 내가 괜찮게 옷을 입고 헤어스타일을 꾸민 상태로 예쁜 여자에게 접근했을 때는 여성들이 나쁜 반응을 보이는 경우가 거의 없었다.

그만큼 멋진 외모와 스타일은 이상형의 여자를 만나기 위해서 반드시 필요한 것이다. 그러나 키가 크지 않고 얼굴이 잘생기지 않았다고 주눅 들 필요는 없다. 어차피 화장 안 하는 남자가 이목구비 잘생겨야 얼마나 잘 생겼겠는가? 그냥 자기 얼굴에 어울리는 헤어스타일을 찾고 열심히 운동해서 어깨를 넓히면 된다. (어깨가 몇 센티냐가 중요한 것이 아니라 시각적으로 '넓어 보이는 어깨')

어깨 넓고 근육질이고 헤어스타일 잘 꾸미는데 못생겨 보이는 남자는 거의 없다. 솔직히 말해서 자신이 정말 너무 처참하게 못생겼다고 생각하는 사람은 이 책을 구입할 생각조차 하지 않았을 것이다. 만약 당신이 정말 심각하게 못생긴 외모라면… 남들보다 몇 배로 노력을 해야겠지만 그런 남자는 1,000명당 1, 2명 될까 말까이다.

흔히 자신의 얼굴 생김새에 집착을 하는 남자들을 보면 이목구비가 뚜렷한 것만이 잘생긴 것이라고 생각을 하는 것을 볼 수 있다. 그렇지만 남자들이 이해해야 할 것은 여자는 남자의 전체적인 비주얼을 중요하게 생각한다는 사실이다. 남자들은 이목구비에 집착하지만 여자는 전체적인 피지컬과 느낌을 보기 때문에 남자 연예인 중에서 이목구비가 전혀 잘생기지 않았음에도 여성들의 압도적인 지지를 받는 남성들이 존재하는 것이다.

이만큼 남성과 여성의 이성을 보는 시각에는 차이가 있다. 당신이 원하는 것이 남자가 아니라면 여자들이 보는 방식에 맞춰서 당신을 꾸밀 필요가 있는 것이다. 당신의 이목구비의 생김새나 디테일에 너무 집착하지 말고 전제척으로 멋지고 남자다운 스타일로 변화되기만 하면 되는 것이다.

매력적인 여자들을 대하는
자신감 있는 태도

　앞서 남자의 매력 요소 중 경제력과 비주얼적인 측면에 대해서 얘기했으니 이제는 마지막으로 가장 중요한 마음에 드는 여자를 대할 때의 남자의 태도에 대해서 알아보겠다. 매력적으로 여자와 대화하기 위해서 가장 중요한 것은 여자를 대하는 당신의 태도가 '여자를 다스리는 모습'이어야 한다는 것이다.

　매력남은 절대 여자에게 고개를 숙이지 않는다. 여자의 비위를 맞추기 위해 전전긍긍하지 않는다는 말이다. 레스토랑에 여자와 함께 가서 음식이 입에 맞는지 묻지 마라! 당신이 레스토랑 지배인은 아니지 않은가? 내가 내 돈 내서 밥 사 주면 맛있게 먹었다고 여자가 나에게 고마움을 표현하는 게 당연한 것이다. 사실 한국 사회에서 남자들이 여자에게 저자세를 보이는 가장 큰 이유는 '여성의 외모를 과대평가'하고 있어서라고 생각한다. 사실 나조차도 당장 눈앞에 화장한 예쁜 여자를 보면 가슴이 설렐 때가 적지 않지만 아무리 예쁜 여자친구를 만나도 자다가 일어난 얼굴이나 화장을 지운 모습 등을 보고 가슴이 설렐 정도로 예쁘다고 느낀 적은 없었다.

사실 여자친구의 몸매가 아무리 좋아도 다 벗은 모습을 보다 보면 금방 익숙해지고 시간이 갈수록 성적 매력은 떨어질 수밖에 없는 것이 현실이다. 그런데도 아름다운 여자를 못 만나 본 남자들이 다수를 차지하는 지금 같은 사회 분위기 속에서는 화장하고 섹시하게 꾸민 여자를 보고 환상을 가지는 분위기가 심해지는 것 같다. 우리 사회는 외모지상주의가 심하고 여자의 아름다운 외모를 지나치게 숭배하고 있는 분위기이다. 내 말이 절대 과장이 아닌 것이 여자 BJ가 노출을 하고 인터넷 방송을 해서 월에 몇억을 번다는 기사를 본 적이 있다. (앞으로는 이런 방송을 보면 선정적인 콘텐츠라며 신고를 하자!)

이게 말이 되는가? 대출까지 받아서 여자 BJ의 환심을 사기 위해 별풍선을 쏴 주는 남자들이 제정신인가? 여성의 외모 가치를 자산으로 생각한다면 지금은 버블이 심각하게 끼어 있는 상태인 것이다.

이 버블은 여성들에게만 유리하지 대부분의 대한민국 남자들에게는 갈수록 연애 경쟁에서 불리해지는 결과만을 가져올 수밖에 없다. 코로나로 인해 마스크를 끼는 것이 대중화되기 시작하면서부터 여성의 외모가 신비하게 느껴지는 '미혹 현상'이 한층 더 심해진 것 같다.

여성들은 이제 코로나가 두려워서가 아니라 자신들이 이뻐 보이기 위해서 마스크를 쓴다. 그러나 마스크 쓴 모습이 너무 예쁜 여자는 마스크를 벗었을 때는 못생긴 여자라고 봐도 무방하다. 나는 당신이 여자를 어려워하지 않기를 바라는 마음에서 적나라하게 얘기하자면 사실 이쁘고 몸매 좋은 여자는 극소수다. 화장 지우고 다 벗어서 소름 끼치게 아름다운 여자는 정말 거의 없다고 생각하면 된다.

예쁜 여자도 똥 싸고 자다 일어나면 입 냄새 난다. 그러니 당신이 혹여나 아름다운 여자에 대한 환상이 있다면 지금 당장 쓰레기통에 갖다 버리길 바란다. 상대를 숭배해서는 자신감 있는 태도로 대할 수가 없다. 상대가 아무리 아름다운 여자라도 나보다 못한 존재로 인식해야 남자다운 태도로 다스릴 수가 있는 것이다. 그리고 이것은 결코 나쁜 것이 아니다.

여자 BJ에게 별풍선을 쏴 주는 정신 나간 찐따남들과는 다르게 당신은 여자를 숭배하지 말고 다스려야 한다.

클럽에서의 여자 경험

내가 여자를 다스리는 태도를 보여야 여성들에게 매력을 느끼게 할 수 있다는 것을 본질적으로 깨달은 장소는 사실 클럽이었다. 지금은 나이도 많이 먹었고 문란한 클럽 문화를 좋아하지 않지만 숙맥이던 30대 초반 시절 지인들과 클럽을 다니면서부터 여자를 꼬시는 데 자신감이 얼마나 중요한지 깨닫기 시작했었다. (그러나 나는 당신이 클럽에 자주 가지는 않았으면 좋겠다.)

30대 초반까지 여자랑 키스한 경험도 거의 없는 모쏠급이였던 내가 여자에 대한 자신감이 붙기 시작하면서 불과 1~2년 사이에 키스한 여자만 100명이 훨씬 넘었을 정도로 이성 관계에 있어서 놀라운 변화를 경험했었다. 내가 여성에 대해 자신감이 넘치기 시작하고 아름다운 여자를 편하게 놀릴 수 있게 되자 스킨십을 하는 것이 너무나 쉽게 느껴졌었다. 뭐랄까… 여자의 스쳐 지나가는 눈빛만 봐도 나에게 매력을 느끼는지 아닌지를 파악하는 능력을 가지게 되었다고 할 수 있겠다.

 아직도 기억이 나는 경험들이 있는데 친구들과 클럽에 놀러 갔던 날… 친구들이 보는 앞에서 클럽 스테이지에 걸어 나간 지 1분도 채 되지 않아서 처음 보는 여자랑 키스를 한 적도 있었고 정말 예전에는 꿈도 못 꾸던 여신급의 여자애들과 키스를 하며 스킨십을 나누곤 했었다.

 항상 다른 남자들의 부러운 시선을 받으며 매력적인 여성들과 스킨십을 했었는데, 아름다운 여자들로부터 그렇게도 쉽게 스킨십을 이끌어 낼 수 있었던 것은 말도 안 되는 나의 자신감 덕분이었다. 어느 정도였냐면 클럽에서 마음에 드는 여자가 다리를 꼬고 테이블에 앉아서 담배를 피우고 있으면 다가가서 말없이 담배를 뺏어서 한번 피고 나서 다시 여자 입에 넣어 준 적도 있었다. (이것이 여자를 다스리는 남자의 태도다!)

 여자는 황당한 표정을 지으면서도 "이놈은 왜 이렇게 자신감이 넘치지?" 하고 생각하는 것 같았고 몇 분 지나지 않아 그 여자와 키스를 하며 진한 스킨십을 나누게 되었다. 클럽에서 여자랑 스킨십을 한 얘기를 무용담처럼 언급한 이유는 남자의 어떠한 성향이 여자에게 성적 매력을 느끼게 하는지 본질을 깨달은 것이 바로 이러한 경험들을 통해서라는 것을 알려 주고 싶어서이다.

 평소 주변 지인들의 조언처럼 여자의 비위를 맞추는 것은 여자에게 어떤 성적 매력도 주지 못한다는 것을 깨달았던 것이다. 클럽에서 할 수 있는 행동과 일상에서 할 수 있는 행동에는 분명 큰 차이가 있지만 강한 자신감을 가지고 여성을 다스리는 태도는 대부분의 여성들에게 매력을 전달하게 된다. 요즘 시대에는 인스타만 보아도 수많은 보디빌더 같은 몸매의 몸짱 남자들이 있지만 그들이 절대 완벽한 인기남이 아니라는 사실을 기억하길 바란다. 당신의 자신감이 몸만 커다랗게 만든 남자들보다 압도적으로 강할 수 있다면 멋진 여자는 그 헬창 '덩어리'들이 아닌 당신이 차지하게 된다.

왜냐하면 그들은 몸만 크지 여자를 다스리는 태도를 갖추지 못했기 때문이다. 당신이 아직까지도 마음에 드는 여자 앞에서 비위를 맞추려 하고 자동적으로 저자세를 하게 되는 남자라면 한번 생각해 보길 바란다. 당신이 만약 길거리에서 누구나 다시 돌아보게 만들 만한 완벽한 몸매와 미모를 갖춘 여자라면 당신이 가는 곳 어디에서든 남자들이 당신에게 뜨거운 시선을 보내고 과도한 친절과 들이댐의 자세를 보일 텐데 당신은 그중 어떤 남자에게 눈길이 가겠는가?

아마 그 대단한 미모의 여자는 잘생긴 남자도 많이 봐 왔을 것이고 돈 많은 남자의 접근도 심심찮게 받아 보았을 것이다. 그렇기에 외모가 정말 괜찮은 여자 중 단순히 돈이 많거나 잘생긴 외모의 남자와 사귀는 경우는 사실 그다지 많지 않다. 그런 여자는 자신감 있고 매력적인 성격을 가진 남자에게 성적 매력을 느낀다. 왜냐면 대부분의 남자가 자신의 비위를 맞추려 하나 '매력적인 남자는 자신을 다스려 주고 어딘가로 데려가 줄 수 있는 남자'라는 느낌이 들기 때문이다.

그래서 이러한 남자를 여자는 쫓게 되고 남자의 다스림을 받을 때 행복함마저 느끼 게 되는 것이다. 실제로 예전에 친하게 지내던 여사친 중에 한 여자애가 나에게 이런 말을 한 적이 있었다.

처음 나를 알게 되었을 때 다른 남사친들은 다들 자신에게 밥을 사 주려 하고 차로 데려다준다고 하는 등의 호의를 보이는 반면에 나는 인사도 대충 하고 전혀 관심을 주지 않으며 당당한 태도로 대하니 무척 내가 궁금해지고 신경 쓰였다는 것이다. 나는 사실 그 여자애가 인기가 많다는 것을 알고 있었고 내 주변에 그 여자애를 좋아하는 친구들이 많았지만 정작 나는 그 여사친에게 아무 관심이 없었고 내 스타일도 아니었기에 그냥 무심한 태도로 편하게 대한 것인데 그런 태도가 여자로 하여금 내가 '희소한 남자'라는 인식을 가지게 한 것이다.

이런 점 때문에 바로 당신이 관심도 없는 여자는 당신에게 매력을 느끼고 귀찮게 하는데 정작 당신이 좋아하는 여자는 당신에게 관심이 없는 상황을 자주 겪게 되는 것이다.

나는 30대에 찐따남에서
매력남으로 바뀐 케이스다

　나는 30대 초반까지 정말 지독히도 연애를 못했었고 친구들에게 넌 외모는 나쁘지 않은데 솔직히 정말 매력 없다. 연애 정말 못한다는 소리를 지겹게도 들었었던 남자다. 정말 자존심이 상하는 얘기들이었지만 실상이 그랬다. 다니던 교회나 주변에 마음에 드는 여자가 있어도 언제나 짝사랑만 하다가 고백하면 차이기 일쑤였고 여자친구를 어렵게 사귀어도 두 달을 넘기기가 힘들었다. 못생기고 성격도 별로인 여자친구나 겨우 사귀어서 주변 지인들에게 '쟤는 왜 저런 여자를 만나냐?' 하는 조롱이나 당하던 내가 이렇게 연애에 대해서 책을 쓸 수 있는 사람이 되었다는 사실만 보아도 인생은 정말 어떻게 될지 모른다는 생각이 든다. (당신도 나와 같은 길을 걷게 될 것이다!)

　어차피 연애라는 분야는 실력검증이 절대 될 수 없는 분야이긴 하지만, 내 성격상 잘하지도 못하는 분야에 대해서 양심 없이 책을 쓰는 것은 있을 수 없는 일인데 정직하게 생각해도 대한민국에서 30대까지 나만큼 연애를 못하다가 극적으로 매력남으로 변화된 남자는 굉장히 드물 것이라는 생각이 든다.

　연애강사들은 다들 찐따에서 매력남이 되었다고 홍보하지만 얘기를 들어보면 20대 초반부터 여자를 많이 만나 보고 바람둥이의 길을 걷거나 한 케이스가 대부분이다. 내가 원래부터 잘사는 집 아들이었거나 잘생기고 체격이 좋아 여자에게 인기 많은 남자였다면 이런 책을 쓰려는 생각도 하지 못했을 것이다. 내가 책을 써서 과거의 나와 같은 '찐따남들에게 도움을 줄 수 있겠다'라는 생각이 든 것은 내가 30대가 되고서도 '찐따로 살다가 매력남으로 변한 케이스'이기에 누구보다 찐따남들의 마음을 잘 알고 그들이 어떻게 하면 변화될 수 있는지 누구보다도 잘 아는 사람이기 때문이었다.

　처음부터 연애를 잘하던 사람은 절대 찐따남을 도울 수 없다. 남들이 부러워할 만한 글래머 여자친구와 팔짱을 끼고 길거리를 활보하는 대부분의 매력남들은 나처럼 찌질하고 외로웠던 남자의 심정을 절대 알 수가 없다. 부모님 재산이 수백억 대인 친구가 절대 가난한 친구의 경제적 어려움을 이해할 수 없는 것과 같다. 입으로 이해한다고 말은 할 수 있어도 진정으로 공감하고 조언해 줄 수는 없다는 것을 당신도 알고 있을 것이다.

　나는 실제로 정말 연애를 못하던 남자였고 미디어에서 세뇌시키는 연애 관련된 메시지에 완전히 맹목적인 신뢰를 가졌던 사람이었기에 연애에 누구보다 많이 실패했었다. 이런 내가 짧은 시간 만에 완전히 다른 사람이 되어 항상 10살 이상 차이 나는 어리고 예쁜 글래머 여자들만 만나고 다니는 것을 주변 지인들이 알게 되자 너 나 할 것 없이 나에게 연애에 대한 도움을 요청해 왔고 만날 때마다 모든 술값 밥값을 자신이 다 낼 테니 자신이 연애 좀 할 수 있게 도와 달라는 지인들도 있었다.

내가 가진 천성이 남을 도와주는 것에 열정을 느끼는 타입이었던지라 지인들에게 성심성의껏 매력에 대해서 알려 주고 피를 토하며? 강의 아닌 강의를 해 주어도 아주 조금의 노력도 하지 않고 변화되지 않는 지인들을 보면서 정말 지치고 힘들었다. 이럴 바에야 차라리 노력할 각오가 돼 있는 남자들을 대상으로 책을 쓰는 게 낫겠다는 생각에 이르게 되었다. (사실 지인들은 연애 컨설팅 업체를 하라고 얘기했지만 나는 고액의 돈을 받고 연애를 가르치는 사기꾼이 되고 싶지는 않았다.)

내가 내 주변의 지인들을 보며 정말 이해가 되지 않았던 것은 나는 과거의 나 자신을 '찐따'라고 여기고 그런 나의 찌질한 모습들이 싫어서 간절히 변화하려고 노력했던 사람인데 연애도 제대로 못 하고 매번 여자에게 차이기만 하는 그런 지인들이 왜 자존심을 내려놓지 못해 자신이 '찐따'라는 사실을 인정하지 않고 '그래도 나 정도면 괜찮지'라는 정신적 자위행위를 하는지 이해할 수가 없었다.

내가 X밥이라는
사실을 인정부터 하자

내가 X밥이면 X밥인 걸 인정부터 해야 변화가 시작된다. 그 첫걸음이 안 되면 남에게 가르쳐 달라고 말할 자격도 없다. 그냥 자기가 하고 싶은 대로, 살아온 방식대로 살다가 40, 50대가 되어서도 노총각으로 지내던가 아니면 이혼당할 리스크를 감수하고 결혼정보업체를 통해 예쁘지 않은 동남아시아 여자랑 결혼하면 된다.

만약 그런 인생을 절대로 살고 싶지 않다면 한 번뿐인 인생 내가 간절히 원하는 여자와 연애하고 결혼하고 싶다면 지금까지와는 다른 방향성으로 노력을 해야만 한다. 솔직히 말해서 예쁘고 글래머인 여자를 안 좋아하는 남자가 이 세상에 존재하기나 하겠는가? 자신이 없어서 포기하고 사는 남자들이야 있겠지만 누구나 자신에게 선택권이 있다면 매력적인 여자를 선택할 것이다.

그러나 신기하게도 우리 집 강아지도 원하는 것이 있으면 하기 싫은 행동도 곧잘 하곤 하는데(예로 들어 밥을 먹고 싶을 때는 "앉아"라고 말하면 곧잘 앉는다.) 사람으로 태어난 찐따남들이 원하는 여자가 있는데도 매력적으로 변하기 위한 노력을 전혀 하지 않는 것은… 스스로를 똥강아지보다 못하다고 증명하는 것이나 다름없다. 왜 여자를 만나기 위해 노력까지 해야 하는지 아직 모르겠는 남자가 있다면 지금의 한국 사회를 정직하게 들여다보아라. 여자는 조금만 꾸밀 줄 알면 '예쁜 여자'가 된다.

화장술의 발달과 성형의 발달로 여자들은 정말 외모가 뛰어나게 변했고 10명의 여자가 있으면 3, 4명은 이쁘게 느껴지는 세상이다. SNS의 대중화로 여자는 조금의 '이쁨'만 가지고 있어도 자신이 대단한 미모라도 되는 것처럼 착각하며 살게 된다. 대체로 여자들은 천성이 사교적이고 공감 능력이 뛰어나며 조금은 위선적이며 가식적인 부분들까지 있기에 사람들을 대하고 커뮤니케이션하는 능력이 남자들보다 뛰어나다. 결국 연애는 남녀가 만나 서로의 외모를 보면서 대화하는 과정을 통해 본능적인 어트랙션을 이끌어 내고 성적인 관계로 나아가는 것인데, 한국 사회의 대부분의 남자들은 외모를 꾸밀지도 모르고 사회성도 떨어지기에 사교적인 여자들을 당해 낼 수 있는 기량 자체가 없다. 그래서 여자를 만나도 차이기 일쑤이고 여자를 만족시키지도 못하며 항상 쩔쩔매며 살게 되는 것이다.

그러나 소수의 매력적인 남자들은 대다수의 여자들을 차지하고 마음껏 주무른다. 결국 손해를 보고 비참해지는 것은 대다수의 매력 없고 대중적인 남자들이다. 이번 생에 '나는 저런 대단한 몸매의 여자는 만날 수가 없다'라고 스스로를 세뇌시키고 있는 남자들 말이다. 당신이 지금 당장 돈이 없어서, 키가 180cm가 안 돼서, 또는 영화배우처럼 잘생기지 않아서 이번 생에는 틀린 것이 아니고 당신이 거짓으로 세뇌되어 있어서 연애가 힘든 것이다. 요즘 사회에는 자신이 원하는 것을 생각만 하고 아무 노력도 하지 않는 남자가 너무 많은데 그런 남자들의 주머니를 털기 위해서 쉽게 여자를 만날 수 있도록 도와준다는 자칭 연애 전문가들이 넘쳐 나고 있다.

그러한 연애 전문가들과 픽업아티스트라고 하는 양아치들이 유튜브와 카페 운영을 하며 순진한 남자들을 유혹하여 수강료로 자신들의 지갑을 가득 채우고는 무슨 루틴이니 매소드니 하는 얼간이 같은 얘기들을 하며 순수한 남자들을 속여 얻어 낸 돈으로 스포츠카를 타고 다니는 것을 볼 때 참 이런 대한민국의 현실이 혐오스럽기까지 하다. 픽업 아티스트들이 돈을 많이 벌고 있는 현실이 대한민국에 연애 문제로 고통받고 있는 순진남들이 아주 많다는 사실을 보여 주고 있는 것이다.

나는 남자로서 원하는 여자를 얻지 못하는 현실을 살아간다는 것은 참 고통스러운 것이라는 걸 누구보다 잘 안다. 그럼에도 분명한 사실은 어떤 분야이든지 도전하려는 마음이 있는 사람만이 새로운 시도를 하며 꾸준한 노력 끝에 결과를 만들어 낸다는 것이다. 이것은 '세상의 법칙'이기에 현실에 안주하지 않고 주어진 조건 속에서 노력을 해 나가는 사람은 원하는 것을 얻게 된다. 지금 한국 사회 여건이 남성들에게 참으로 힘든 것은 사실이긴 하나 여성 혐오 사상이나 가지고 방 안에 박혀서 야동이나 보면서 만족하는 패배자로 살기보다는 내가 처한 환경과 조건에서나마 할 수 있는 모든 것을 다해 보도록 하자!

내가 어떤 수준의 여자를 만날 수 있는지(외모와 인성 포함) 최선을 다해 도전해 보고 만약 내 한계를 느끼는 순간이 온다면 그때 비로소 내게 주어진 여성에게 만족하며 감사하며 살면 될 것이 아니겠는가! (원래 인생의 행복은 만족을 통해서만 주어진다.) 나 또한 30대 초반까지 거의 모쏠에 가까운 상태로 살아갈 때 답답함을 참 많이 느꼈었다. '도대체 연애를 잘할 수 있는 방법이 존재하긴 하는가?' 하는 생각을 자주 했었다. 이 세상에 노력해서 안 되는 것이 단 한 가지가 있다면 그것이 바로 '연애'라고 생각했다. 그러나 지금에 와서 생각해 보면 연애를 잘할 수 있는 너무나 명료한 방향성이 있다. 그것은 이미 당신이 잘 알고 있는 '여자를 다스리는 남자'가 되는 것이다.

여자를 다스리는 남자가 되는 것은 사실 어렵지도 않고 엄청난 노력이 필요한 것도 아니다. 하지만 여전히 사회를 살아가다 보면 이 간단한 방향성조차 이해하지 못해서 절규하는 외로운 남자들을 많이 보게 된다. 과거의 나도 연애 책을 사서 읽기도 하고 오랜 시간 동안 인터넷에서 올바른 연애 정보를 찾기 위해 애를 썼었으나 대부분의 콘텐츠들은 정말 누구나 할 수 있는 뻔한 소리만(여자를 매너 있게 대하라는 식) 늘어놓고 실질적으로 내 연애사에 도움을 주었던 내용은 거의 없었다.

그렇지만 그렇게 계속해서 매력적인 남자가 되는 방법을 찾다 보니 여자 경험이 많은 해외 픽업쟁이들의 전자책을 읽게 되어 남녀 관계의 올바른 방향성에 대해서 점점 눈을 뜨게 되었고 이론만 공부한 것이 아니라 하나라도 배운 것은 직접 여자를 만나면서 적용해 보고 스스로 피드백을 하다 보니 사고력이 깊어져 책과 강의 등에서 들은 내용이 정확히 무엇을 의미하는지 깨닫게 되어 현실에서 차이를 만들어 낼 수 있게 되었다. 그리고 이러한 과정들을 통과하고 나자 더 이상 픽업 아티스트들의 자료나 연애 강사의 도움이 필요 없다는 것을 깨닫게 되었고 남녀 관계에 있어서는 방법론이 중요한 것이 아니라 올바른 방향성 하나만 익히면 된다는 것을 알게 된 것이다.

내가 이성 관계에 있어서 성공을 맛보게 된 것은 연애 강사들의 자료를 공부했기 때문이 아니라 흔히 네츄럴이나 알파메일이라고 불리는 남자들이 원래부터 여자를 다스리는 태도를 가지고 있었던 것처럼 나 또한 어느새 여자를 다스리는 남자의 성향을 나타내게 되었기 때문인 것이다.

매력남은 징징거리지 않는다

　여자에게 항상 인기 있는 매력남들은 인생에서 어떤 어려움이 찾아와도 지나치게 하소연을 하거나 부정적인 감정에 휩싸이지 않는다. 부정적인 감정에 빠지더라도 금방 할 수 있다고 여기고 다시 도전하는 자세를 가진다. 절대로 좋아하는 여자에게 자기가 얼마나 힘든지 징징거리면서 얘기하지 않는다. 그러나 찐따남들은 자신이 불행할 수밖에 없는 이유를 열거하면서 좋아하는 여자에게까지 자신의 힘든 직장 생활에 대해 하소연하며 어떨 때는 카톡 상태명으로까지 자기가 얼마나 힘든지 알리고 싶어 한다.

　여기서 질문 하나 하겠다. 당신이 여자라면 남자에게 보호받고 사랑받고 싶은 여자라면… 자기 일이나 상황이 힘들다고 징징거리고 하소연하는 '똥 마려운 똥강아지 같은 남자'에게 성적인 매력을 느끼겠는가?

　당신은 언제나 자기주장이 강하고 어디에서나 주도해야 하고 나서기 좋아하는 여장부 스타일의 여자를 지켜 주고 사랑해 주고 싶다는 생각이 드는가? 찐따남들은 항상 인생에 대해 불평하고 조금의 어려움만 있어도 참담해하며 '골치 아프다!!'라고 세상이 무너질 것처럼 염려하며 주절댄다. 긍정적인 환경에서도 부정적인 요소를 찾아내기 위해 노력한다. 그래야 아무 노력도 안 하고 현실에 안주하며 핑계를 댈 수 있으니까… 그리고 그렇게 살기 때문에 언제나 원하는 여성을 다른 남성에게 빼앗기게 된다.

당신이 매력남으로 나아가고 싶다면 힘들다고 징징거리는 습관은 지금 당장 버려야 한다. 징징거리고 부정적인 소리를 늘어놓는 것은 남자로서 부끄러운 것이다.

연애강사들에게 더 이상 속지 말자

앞서 얘기했듯이 많은 남자들이 찐따남에서 매력남으로 변화되기 위해서 연애강사들의 도움을 받고 있다. 사실 경험이 많은 픽업 아티스트들의 여자 꼬시는 실력을 부정할 순 없다. 여자 유튜버의 방송을 보는 것은 연애 못하는 남자가 되는 지름길이지만 픽업 아티스트들은 적어도 여자를 엄청 많이 만나 보았기에 여자 꼬시는 방법에 대해서 나름 올바른 방향성을 제시해 주곤 한다. 그러나 문제는… 그들은 '찐따남'들을 호구로 생각하고 너무나 비싼 수강료를 받고 그 돈으로 스포츠카를 타고 다니며 찐따남들이 만나야 할 여자들을 후리고 있다는 사실이다.

당신이 나중에 만나게 된 여자가 당신이 스승님으로 생각하는 그 픽업아티스트에게 하룻밤 몸을 헌납한 여자일 수도 있다. (당신은 알 수 없겠지만) 그런데도 수강생을 자처하는 많은 '찐따남'들은 '아이고 스승님' 하면서 픽업아티스트의 유튜브에 가서 좋은 후기를 남기고 댓글로 칭찬 세례를 퍼붓는다. 이런 호구 성향을 바꾸지 않는 남자들은 아무리 대단한 픽업 이론을 배운다고 해도 이성 관계에 큰 변화가 없을 것이라 생각한다. 냉정히 주변의 사례들을 볼 때 픽업을 배우는 데 아무리 돈을 많이 써도 될 놈은 되고 안 될 놈은 안 되었다. 그 이유는 뭔가 강의를 듣고 돈을 쓰면 편하게 연애를 잘하게 될 것처럼 생각하고 거절의 아픔을 통과하지 않는 남자들은 수천만 원을 써도 여전히 찐따로 남기 때문이다.

그러나 아주 적은 투자로도 올바른 방향성을 깨닫고 스스로 생각하면서 도전하고 피드백하는 남자는 거의 돈을 쓰지 않고도 놀라울 만한 이성 관계의 변화를 이끌어 내는 것을 보았다. 만약 당신이 어설프게 예쁜 여자들만 마구 후리고 다니면서 수천 명의 여자와 잠자리를 가지는 것이 로망이고 그런 인생을 반드시 살아야겠다면 이 책보다는 픽업 아티스트들의 가치관이 더 도움이 될 것이다.

실제로 픽업 커뮤니티에는 여자와 섹스만 하고 여자를 버리는 것(일명 먹버)이 멋이라도 되는 것처럼 후기를 남기는 이상한 '찐따남'들이 넘쳐난다. 그러나 반드시 언급하고 싶은 것이 너무 많은 이성과의 문란한 성관계는 남자에게 절대 좋지 않다. 내 주변의 지인들 중 바람둥이 성향을 가지고 있어서 수많은 여성들과 성관계를 많이 가진 남성들은 초반에는 행복해 보였으나 그런 생활을 오래도록 했을 때는 이상하게도 대부분 심각한 우울감을 호소하고 인생을 허무하다고 느끼며 죽고 싶다는 얘기를 했다. (실제로 자살시도를 한 지인도 있었다.)

나 역시 무분별한 성관계는 정말 좋지 않다고 느낀 것이 몇 년 전 정말 내 이상형이라고 할 만한 귀엽고 글래머러스한 여자친구를 사귄 적이 있었는데 나이 차가 '띠동갑'이었다.

나를 너무나 좋아해 주고 잘 챙겨 주던 여자친구였는데 나는 그 당시 클럽에도 자주 가고 새로운 여자를 만나는 흥분에 '중독'되어 있어서 여자친구와는 가끔 데이트를 할 뿐 언제나 새로운 여자를 갈구하곤 했다. 그러다 연락 문제에 서운함을 표현하는 여자친구가 싫어져서 너무 쉽게 이별을 통보했고 이후에도 연락 오며 매달리는 여자친구를 비참하게 만들기까지 했다. 그러나 시간이 지나 인생의 어려움에 처해 보고 연애 없이 외롭게 생활하는 시기를 겪으면서 그때 내가 왜 그 환상적인 여자친구를 그렇게 쉽게 버렸는지 도저히 이해가 안 되었고 나 자신의 오만함이 무척 한심하게 느껴졌었다.

예전에는 찐따라서 여자 하나 제대로 못 만나고 연애해도 차이기만 했던 내가 클럽에 다니고 좀 여자 다루는 법을 알게 되자 여자를 우습게 느끼게 되고 언제든지 원하는 여자를 차지할 수 있다는 오만함에 나를 사랑해 주던 여자친구를 소중하게 생각하지 못했던 것이다. 여자를 너무 어려워하는 것도 별로고 그렇다고 여자를 우습게 여겨 하룻밤 쾌락의 도구로만 생각하는 것은 더 별로다. (반드시 후회하게 되어 있다.)

나는 사람들에게 수많은 이성과 섹스하는 그런 방법을 가르칠 마음이 전혀 없다. 나는 당신이 정말 사랑하는 여자, 마음에 쏙 드는 이상형 한 명만을 사랑하며 살아가기를 바란다. 유튜브만 봐도 연애를 200번 해 봤다느니 여자 천 명을 만나 봤다느니 하는 연애 전문가들이 강의를 하고 있다. 정말 궁금한 것은, 내가 정말 매력남이고 여자가 놓치고 싶어 하지 않는 그런 남자라면 길거리에서 정말 모두의 시선을 받을 만큼 아름답고 섹시한 여자도 유혹할 수 있을 텐데 왜 그러한 이상형의 여자를 만나 오랫동안 연애하며 결혼까지 가지 않고 그보다 급이 떨어지는 여자들을 수천 명 만나고 다니는지 모르겠다. 내가 정말 돈이 많다면 고가의 드림카를 타고 다니지 아반떼와 소나타급의 자동차를 수십 대 소유하지는 않을 것이 아닌가?

 냉정히 말해 연애 경험이 비상식적으로 많다고 말하는 남자들은 한국 사회에서 최고의 매력남은 아닌 것이다. 최고의 매력남은 픽업 아티스트가 아니고 그냥 우리 근처 어딘가에 존재하는 끝장나게 섹시한 여자친구를 데리고 다니는 매력적인 남자들이다. 그렇기에 더 이상 픽업 아티스트들에게 호구 잡히지 말고 이 책을 통해 매력의 본질을 마음에 완전히 새겨서 당신도 끝장나는 여자친구를 데리고 다니는 남자가 되기를 바란다.

픽업아티스트들의 현실

 국내의 픽업아티스트들은 '미국의 픽업쟁이'들의 이론을 공부한 사람들이기에 그들에게 배운 용어와 이론(진화심리학) 등을 사용해서 쓸데없이 어려운 용어와 개념을 얘기한다. 그들이 어떻게 표현하는지 예를 들자면, '오늘 핫플에 달리러 나갔는데 나를 보고 ioi가 나오는 고등급 여자를 발견하고 칼리를 뜬 다음에 황금 멘트로 어프로치를 한 다음에 ××루틴을 사용해서 술자리로 이동 후 미드 게임을 하다가 여자에게 크리티컬 ioi가 나와서 필살기 멘트를 했더니 모텔로 입성하게 되었다'라는 식이다. (그러고는 모텔에서 찍은 여자 신발 사진을 올린다.)

 무슨 온라인게임 커뮤니티 같다.

그렇게 픽업 용어를 써서 표현하는 이유는 알겠는데… (매니아들끼리는 소통하기 편하니까) 당신이 그런 용어를 쓰다 보면 뭔가 정해진 루틴대로만 연애 과정이 진행되는 것처럼 착각하게 된다. 그리고 강사가 누군가를 가르칠 때 이렇게 표현하면 배우는 사람 입장에서 강사가 되게 있어 보이고 자신이 대단한 것을 배우는 것처럼 느끼게 된다.

그러나 실상은… 여자를 만나서 내가 남자답고 매력 있으면 이성 간에는 자연스럽게 스파크가 튀고 화학반응이 일어난다. 정해진 루틴 같은 것을 순서대로 써야 여자를 만날 수 있는 것이 아닌 것이다. 그러나 대단한 기술을 가르치는 것처럼 포장하는 픽업아티스트들과 연애 전문 업체들에서는 실제로 이러한 루틴을 순서대로 사용할 것을 가르치기도 한다. 그리고 그 루틴대로 실행해서 여자와의 관계에서 성공해 본 적 있는 남자들은 이 루틴을 써서 연애가 이루어졌으니 이 루틴이 진리라고 생각하게 되는 것이 문제다.

그러나 핵심은 루틴을 순서대로 써서 여자를 유혹한 것이 아니고 남녀 관계의 올바른 방향성을 실행했기 때문에 여자의 호감을 산 것이다.

진화론을 연애에 적용하는 픽업업체들

오늘날 대부분의 픽업 업체들과 연애상담 사업을 하는 업체들은 하나같이 진화론을 기반으로 자신들의 이론을 설명한다. 해외 픽업아티스트의 저서를 한국에 들여와서 5만 원 이상 받고 파는 양아치들도 무슨 컨설팅 업체인 것처럼 포장을 하나 그냥 픽업아티스트(여자 꼬시는 일만 하며 회원들 돈으로 먹고사는)들이다.

그들이 사업을 운영하는 방식은 그들이 여자를 대할 때처럼 겉만 번지르르하다. 그들은 하나같이 똑같은 진화심리학 이야기를 하며 여성은 생존과 번식을 위해 경제력이 있는 남자를 원하게 되고 그러나 단서로 판단하기에 성공한 남자의 단서만 보여 주면 된다는 식으로 가르친다. (이런 식으로 진화론 언급하는 장사꾼들은 일단 픽업쟁이구나 하고 의심해 볼 만하다.)

그런데 정말 단순하고 어리석은 소리임에도 그 소리들을 아무도 의심하지 않는다. 진화심리학에서 남성은 2세를 건강하게 출산하기 위해 골반이 큰 여성에게 매력을 느끼게 되는 것이라고 해석하던데 그렇다면 내 지인 중에 엉덩이가 큰 여자를 싫어하고 마르고 다리가 가느다란 여자를 좋아하는 남성은 어떻게 설명할 수 있는가?

남자마다 전부 취향이 다르고 성향이 다른데 진화심리학이라는 프레임만으로 어떻게 연애를 설명할 수 있는가? 진화론이라는 것에 '론'이라는 글자가 붙는 것은 '이것이 이론이며 가설'이라는 것이다. 절대 진리가 아니라 가설이다. 그런데도 교과서에서조차 진화론이 100% 진리인 것처럼 가르치고 있고 연애 분야에서도 불완전한 가설에 뿌리를 두고 모든 것을 설명하려 하고 있으니 참 안타깝다. (세월이 지나 진화론이 완전히 틀린 가설이었다는 발표가 나오게 될지도 모르는 일이다.)

아무튼 나는 진화냐 창조냐를 가지고 당신과 논쟁하고 싶은 생각이 없다. 그저 남자가 원하는 여자를 얻는 일에 왜 복잡한 진화심리학 이론이 필요하냐는 것이다. 사람은 어떠한 프레임에 갇혀서 사고를 하다 보면 다른 가능성에 대해서는 생각조차 하지 못하게 되는 경우가 많다. 그래서 나는 개인적으로 레드필 이론이니 하는 거창한 이론도 좋아하지 않는다. 레드필은 여성들의 페미니즘에 대항하는 이론일 뿐이며 옳은 내용이 많이 포함되어 있다고 해도 굳이 이론 공부까지 할 필요가 무엇이 있는가? 나와 당신에게는 한 번뿐인 인생 원하는 여자를 만나서 행복하게 사는 것이 핵심이지 이론의 달인이 되는 것이 중요한 게 아니다.

프레임에 갇혀서 사고하는 좋은 예시는 혈액형이다. 혈액형별로 성격이 정해진다는 주장이 거짓임이 과학적 근거를 통해 완벽히 밝혀졌음에도 아직도 많은 사람들이 사람의 성격이 몇 가지 혈액형 유형으로 나뉜다고 생각하고 너는 ×형이라 그렇다고 얘길 한다. 물론 당신에게 픽업아티스트들과 같은 연애강사들이 진화론을 기반으로 연애를 가르친다고 해도 당신이 어느 정도 도움을 얻게 되는 것은 그들 역시 남녀 관계의 방향성에 대해 여자를 다스려야 한다는 식으로 가르치기 때문이다. 그러나 그들은 유료 수강생을 받아서 심하게는 한 명당 몇천만 원씩 돈을 받고 연애를 가르쳐 주는 '양심 없는 양아치'들이다.

그들이 하는 일이라곤 연애에 대한 콘텐츠를 만들고 홍보를 해서 호구들이 찾아오면 같이 클럽이나 길거리에서 여자에게 말을 걸고 같이 술을 마시며 쉽게 유혹되는 문란한 여자와 성관계를 가지게끔 도와주고 그 인증을 커뮤니티에 올리는 것이 다. 하는 일이 그것밖에는 없는데도 그들은 많은 돈을 벌고 있는 것이다. 그러나 사실 그들의 유료 콘텐츠는 동네 친한 형이 자기가 여자 만날 때 어떻게 하는지 알려주는 무용담 수준에 불과하다. (나도 그 작은 호구들 중의 하나였기에 이렇게 말할 수 있는 것이다.)

황당하게도 어떤 연애에 대한 전자책은 가격이 100만 원이 넘어갔다. 정말 웃긴 것은 어느 분야이든 세계 최고로 성공하고 인정받는 사람들의 베스트셀러들도 가격이 15,000원~20,000원가량이며 아무리 비싸도 3만 원을 넘는 경우를 거의 보지 못했다. 그런데 어째서 이 양아치들은 연애책 하나에 엄청난 절대 비법이 들어 있는 것처럼 가격을 100만 원 넘게 책정을 한단 말인가? 당신이 아직도 그런 마케팅에 속는 사람이라면 정신 차려야 한다.

그들이 진화론을 언급하고 복잡한 연애 이론을 늘어놓는 이유는 전문적으로 보여서 많은 돈을 갈취하고 싶어서이지 그들이 정말 연애에 대해 해박한 전문가들이어서가 아니다. (문란한 여자와 가벼운 성관계를 가지기 전략에 있어서만큼은 그들이 전문가인 것은 맞다.)

연애 유료 강의의 진실

당신이 아직 연애 유료 강의를 들어 본 적이 없어서 마케팅에 속아 그런 것들에 관심을 가지고 있다면 내가 진실을 알려 줄 테니 절대 그런 자료들에 돈을 쓰지 않기를 바란다. 나는 해외 유명 픽업아티스트들의 픽업 전자책과 국내 유명한 픽업아티스트들의 유료 강의 등을 상당히 많이 들어 보았고 그들의 커뮤니티에도 참여해 보았다. 결론부터 말하자면 픽업 유료 강의는 당신이 순진한 상태로 들으면 대단한 강의인 것 같다고 느낄 수도 있지만 비싼 가격을 지불하고 들을 만한 가치가 있지는 않다.

만약 당신 주위에 여자를 잘 대하고 항상 아름다운 여자친구만 사귀는 남자가 있다면 차라리 그 남자에게 술을 사 주면서 그 남자가 어떻게 여자를 대하는지 물어보고 그 남자의 모습을 직접 보고 따라 하는 것이 훨씬 더 도움이 될 것이다. 이것 자체가 바로 고액의 연애 실전 강의와 다름없기 때문이다. 물론 당신이 수백만 원을 쓰고 픽업 실전 코스를 진행한다면 여자 경험이 많은 픽업쟁이가 당신을 집중적으로 케어하며 당신의 부족한 부분을 일정 기간 동안 지적해 주고 피드백을 해 줄 테니 그러한 방식은 당신에게 상당히 도움이 될 수도 있을 것이다. (돈이 너무 많아서 전혀 부담이 되지 않는 사람이라면 상관없을 것)

그러나 그것은 그 강사가 대단해서가 아니라 인간이 원래 자기성찰이 잘 안되는데 제3자가 그걸 인지할 수 있게 해 주고 그 인지한 내용을 바탕으로 당사자가 노력을 하니 달라지는 것일 뿐이다. 실제로 나는 실제 픽업 아티스트들을 만나서 여자를 대하는 법을 지도받거나 한 적은 없다. 픽업 강사를 만난 적은 있었는데 그는 내가 '네츄럴'이라면서 추켜세우기만 하고 자신은 여자에게 말 거는 모습조차 보여 주지 않았다.

그러나 그 강사가 네츄럴이라고 인정한 나는 오로지 이론 강의와 책만 읽고 찐따남에서 매력남으로 완성된 케이스이다. 그렇기에 자신 있게 말할 수 있는데 당신이 픽업 강의에 의존하다 보면 계속해서 새로운 콘텐츠를 결제해야만 자신감이 생길 것이다. 그러나 나처럼 스스로 좋은 책(이 책)을 읽고 분석하고 피드백하면서 여자 경험을 쌓아 나가면 정말 몇 개월 안에 당신의 이성 관계는 놀랍도록 달라질 것이다.

그러니 더 이상 픽업강사들과 연애상담업체 그리고 이들이 돈을 버는 것을 보고 우후죽순처럼 생겨나고 있는 연애장사꾼들의 유료 강의를 결제해서 호구 잡히지 않기를 바란다. 대한민국에는 불쌍한 남성들을 이용해 자기 배만 채우고 있는 양심 없는 장사꾼들이 너무 많다.

모든 남자가 '네츄럴'이고 '알파메일'이다

당신이 이미 알고 있을 수도 있겠지만 픽업이라는 분야는 사실 타고난 인기남들의 특징을 순진남들이 분석해서 규칙화시킨 것이다. 쉽게 말해 내 주변에 어릴 적부터 여자를 잘 대하고 여자와 모텔에 자주 가는 남자를 나 같은 순진남이 참고해서 그 남자를 따라 하기 시작한 것이 '픽업의 시초'라고 말할 수 있는 것이다. 이 사실을 생각해 볼 때 당신은 누군가의 픽업이론을 배우고 강의를 듣기보다 당신 주변의 그 누구든 여자에게 가장 인기가 있는 성향을 가진 남자가 있다면 그 남자가 어떻게 여자를 대하는지를 참고하면 되는 것이다.

내가 책에서 언급한 특징들을 보이고 있는지 확인하면 된다는 말이다. 여자를 다스리고 여자가 쉽게 대할 수 없는 성격을 가지고 있고 여자를 항상 놀리는 등의 특징을 보이는지 말이다. 당신은 실제로 여자에게 인기가 있는 모든 남자가 이러한 특징을 보이고 있는 것을 발견하고 놀라게 될 것이다. 당신이 지금껏 여자에게 인기가 없었다고 해서 당신만 연애 능력을 타고나지 못한 것이 아니다. 다만 앞서 말했다시피 지금 사회는 남성성이 부끄러운 것인 것처럼 세뇌시키고 있어서 그동안 당신이 여자에게 남성적인 모습으로 행동하지 못하고 있었을 뿐이다.

거짓으로 세뇌된 것에서 해방되어 네츄럴의 남자들이 보이는 성격적 특성대로 당신의 있는 모습 그대로 여자를 다스리기 시작하면 지금까지와는 전혀 다른 연애 결과물들을 마주하게 될 것이다. 당신이 아직 경험이 부족해서 '내가 정말 달라질 수 있을까?' 하는 걱정이 들더라도 안심해라! 나도 당신처럼 자신감이 부족했었으며 내가 이런 모습으로 달라질 것이라고는 상상도 하지 못했었다. 이제부터는 내가 당신이 픽업강의 따위는 결제할 필요가 없도록 이성 관계의 성공을 위해 실천해야 할 모든 것을 친절히 알려 주겠다.

PART 3

당신이 이상형의 여자를 얻기 위해 당장 실천해야 할 리스트

지금부터는 구체적으로 실천할 사항들에 대해서 얘기해 보도록 하겠다. 거의 10년에 가까운 세월 동안 경험과 지식을 쌓으며 고민한 부분들이니 주류 사회가 세뇌시키는 내용과 다른 부분이 있더라도 열린 마음으로 받아들이되 꼭 스스로의 경험을 통해 깨닫고 실천해 나가기 바란다. 일단 나는 당신이 이 책을 지금까지 읽었으면 마인드가 완전히 바뀌어 있기를 간절히 바란다. "내가 여자 하나 만나려고 노력까지 해야 돼? 그렇게까지 해야 돼?"라는 찐따 같은 마인드가 아니라 한 번뿐인 소중한 인생에서 내가 간절히 원하는 이상형의 여자를 꼭 차지하겠다는 다짐을 하기를 바란다.

그 이상형은 다른 사람의 인정을 받기 위한 목적으로 설정한 그런 것이 아니라 그냥 '내가 너무 좋아서 미치겠는 그런 여자'를 말한다.

나는 남들에게 허세 부리기 위해 모델 같은 느낌의 여자를 만나고 싶지도 않고 그냥 내가 끌리는 여자를 원한다. 대부분의 남자들이 여자 몸매를 그다지 따지지 않는 척을 하지만 야동을 볼 때는 전부 가슴이 크고 엉덩이가 큰 여자를 주로 검색한다고 하고 또 그러면서도 현실에서는 적당히 경쟁자가 너무 많지 않을 여자를 선택하곤 한다. 이 얼마나 비겁한 마인드인가?

그러나 나는 당신이 이상형에 대해 타협하지 않았으면 좋겠다. 지금부터 어딜 가든지 당신이 가는 장소가 미용실이든 헬스장이든 도서관이든… 상황이 허락하는 한 맘에 드는 여자를 보면 농담을 던지고, 길거리에서 길을 묻더라도 이상형의 여자에게 묻는 등등. (여자에게 도저히 말을 걸지 못하겠다면 강아지라도 키워라. 여자들과 거의 반강제로 대화를 하게 된다.)

이성과의 접촉을 계속 늘려 가며 여자를 놀리면서 대화하는 능력을 키워 가기를 바란다. 그리고 기본적으로 모임에 가입하거나 여자를 만날 장소를 물색할 때는 항상 경쟁이 심하지 않은 '블루오션'을 찾으려는 노력을 해야 한다. 멍청하게 남들이 하니까 나도 하는 그런 행동은 절대 성공을 불러오지 못한다는 것을 명심하자! (특히 술을 주로 마시는 모임에는 제정신인 인간이 거의 없다는 것을 기억하자!)

인생에서는 똑똑한 놈이 이기는 것이 아니라 똑똑하게 '행동'하는 놈이 이긴다.

여자는 아무것도 아니다

당신이 앞으로 반드시 가져야 할 마인드셋이 있는데 그것은 '여자는 아무것도 아니다'라는 것이다. 여자는 세상의 중심도 아니고 남자보다 강하지도 않다. 남자가 없다면 제 몸 하나 보호하지 못하고 살아갈 약한 존재들이다. 그러나 지금 한국 사회는 여자가 세상의 중심인 것처럼 세뇌시키고 있다. 요즘은 나처럼 '여자는 아무것도 아니다'라고 말하면 성평등을 가로막는 남성 우월주의자라고 욕을 먹어야 한다. 그러나 우리가 왜 그런 시선을 신경 써야 하는가? 남들이 뭐라 하든 자신의 주장을 자신 있게 말할 수 있는 것이 남성성의 특징이다.

우리는 여자를 혐오하거나 폭행을 하거나 욕을 해서는 안 되지만 여자가 아무것도 아니라고 당당하게 말할 수 있어야 한다. 시대가 너무 여성의 인권에 쏠려 있기에 이 정도 말은 담대하게 할 수 있어야 한다는 것이다. 나는 기가 센 여자애들을 만나면 내가 제일 좋아하는 말이 "여자가 감히… 어디서 여자가…" 이런 말이라고 얘기한다.

그들이 야유해도 나는 신경 쓰지 않는다. 그리고 내가 그런 남성 우월주의자로 오해받을 수 있는 말을 아무리 많이 해도 언제나 나는 아름다운 여자를 차지하게 된다. 당신은 지금 이 순간부터 아무리 대단한 외모의 여자라 할지라도 당신보다 피지컬적으로 그리고 정신적으로 약한 존재인 여자를 절대 두려워하지 않아야 한다. 아니, 도대체 두려워하는 여자랑 성관계를 어떻게 가질 것인가? 나보다 강한 상대에게 어떻게 남성성을 드러내고 수컷 냄새를 풍길 것이냐는 말이다.

여자가 아무리 돈이 많아도 기가 죽을 필요가 없다. 여자가 아무리 잘났어도 결국 그들은 '암놈'이고 우리는 '수놈'이다. 그래서 그들은 수놈이 필요할 수밖에 없는 것이고 돈이 풍족한 여자라면 돈이 많은 남자보다 더 지배적이고 여자를 다스리는 성향을 통해 만족감을 줄 수 있는 수놈이 필요할 것이다. 당신이 빚쟁이거나 지금 당장 경제적 능력이 없어도 성실하게 해야 할 것들을 해 나가고 있다면 어떤 여자 앞에서도 당당해도 된다. 그리고 그런 당당함이 상황과 상관없이 이상형의 여자와의 연애를 가능하게 한다.

진짜 남자만의 마인드

여자는 아무것도 아니라고 생각을 하고 남자답게 여자를 대해라. 참말은 쉬운데… 당신이 아무리 예쁜 여자를 자신감 있게 대하려고 다짐을 해도 처음에는 자신감 있게 여자를 대하기가 쉽지만은 않을 것이다.

없던 자신감을 갑자기 가지는 게 어디 그렇게 쉬운 일이겠는가? 그렇게 쉬웠으면 진작에 고민도 하지 않았을 것이다. 그렇긴 하지만 당신은 자신감이 없어질 때마다 당신의 외모나 상황에 집착하지 말고 "나는 여자 비위를 맞춰야 한다는 거짓에 세뇌되지 않은 진짜 남자다. 나는 아무리 핫한 여자도 남자답게 대하고 놀릴 수 있는 여자를 다스리는 남자야"라는 마인드를 계속해서 가지기 바란다.

그러다 보면 어느 순간 그렇게 생각하는 것이 습관이 돼서 여자를 매력적으로 대할 수 있게 될 것이다. 왜냐하면 계속 강조하지만 원래 당신은 매력적이기 때문이다. 모든 남자가 자신만의 고유한 매력을 가지고 있기에 당신이 남자답게 여자를 다스리는 태도를 가지게 되면 당신만의 매력이 자연스럽게 드러나게 된다. 그런데 이런 의식적인 마인드 컨트롤로 효과를 보는 사람도 분명 있지만 자기 자신에 대해서 자부심이 부족한 남자들은 긍정적 자기암시를 계속한다고 해서 무의식에까지 자신감이 새겨지지는 않을 것이다.

우리 인간은 의식보다 무의식이 100만 배는 강하다고 알려진 동물이기 때문이다. 그렇다면 쉽사리 자신감이 새겨지지 않는 남성들은 어떻게 해야 할까? 간단하다. 스스로에 대해서 확신과 자부심을 가질 수 있도록 올바른 행동을 꾸준히 이어 나가면 된다. 나 같은 경우에도 매력에 대해 어느 정도 이해하고 나서부터 막 대단히 예쁜 여자를 만나게 된다고 해서 지나치게 긴장하지는 않았지만, 이상하게도 가슴이 엄청나게 크거나 엉덩이가 너무 큰 글래머 스타일의 여자만 보면 순간적으로 얼어 버리고 긴장하는 버릇이 있었다.

많은 분들이 공감하겠지만 이런 압도적인 성적 매력을 가진 이성에 대해 두려움을 느끼는 반응이 일순간에 딱 하고 바뀔 수 있는 성질의 것은 아니다. 그렇다고 내가 원하는 여자 앞에서 얼어 버리는 이유를 철저히 분석하는 것에 시간을 허비하는 것보다는 그냥 그런 나의 반응을 극복해 나가는 게 절대적으로 중요하다. 극복하는 방법은 그냥 내 이상형의 여자를 볼 때마다 말을 걸고 약을 올리고 그런 식으로 이성 경험을 쌓는 것뿐이다. 아주 단순한 얘기지만 이것이 이상형의 여성에 대해 긴장하는 버릇을 가장 빨리 극복하는 방법이다.

어떤 사람은 한두 번 이런 경험을 함으로써 여성을 어려워하는 성향이 해결될 것이고 어떤 사람은 수십 번 이렇게 함으로써 극복될 것이다. 당신이 어느 장소에서건 원하는 스타일의 여자와 대화를 나눌 기회가 있을 때마다 다가가서 여자를 놀리며 편하게 대하는 것에 익숙해지도록 자신을 훈련하는 것이 좋다. 그러다 보면 원하는 외모의 여자가 당신을 호의적으로 대하는 태도를 자주 경험하게 되어 자신감의 선순환 구조를 만들게 되고 그러다 보면 당신은 평상시에도 자신감 있는 상태로 여자와 마주치게 되기에 언제나 그냥 하던 대로 여자를 놀리면서 당신의 매력을 자연스럽게 보여 줄 수 있는 남자로 성장하게 된다.

그러다 보면 당신의 가슴속에 어느샌가 '자신감'이라는 놈이 자리하게 될 것이고 환상적인 여자를 처음 마주친 순간에는 마음속으로 압도되고 쫄게 될 수도 있지만 그 여자에게 말을 거는 순간부터는 몸에 체화된 시스템대로 올바른 방향성으로 여자를 대하는 당신의 모습에 놀라게 될 것이다. 그때에는 어디를 가든 아무리 많은 남자 경쟁자가 있든지 간에 "사자가 왔다. 이 하이에나 놈들아"라는 마인드를 가지고 경쟁자를 두려워하지 않는 상남자의 모습을 보일 수 있게 될 것이다.

패션에 제발 신경 좀 써라

나는 길거리를 걸을 때 한 번씩 20, 30대 젊은 남자들의 옷차림을 살펴보곤 한다. 정말 센스 있게 옷을 잘 입는 남자들도 꽤 있지만 대다수의 남자는 정말 바보처럼 옷을 입는다. 물론 사람마다 관심사와 가치관은 다르니까 존중한다. 세상에는 이성에게 매력적으로 보이고 싶다는 생각조차 하지 않는 남자들도 존재한다. 그렇지만 나와 같이 이상형의 여자와만 연애를 하고 싶은 남자가 바보처럼 옷을 입고 다닌다면 그것은 문제가 있는 것이다.

도대체 키가 작은 남자가 왜 발목까지 오는 롱코트를 입는지 모르겠다. 닥스훈트는 귀엽지만 당신이 닥스훈트 같은 짧은 다리로 보일 필요는 없다. 신기하게도 많은 사람들이 자신의 단점이 부각되는 패션과 헤어스타일을 하고 있다. 내가 어깨가 좁은 편인데 풍성한 펌 스타일을 해서 어깨가 더 좁아 보이고 머리는 상대적으로 더 커 보이는 스타일을 할 필요가 있는가? 내가 상체 근육은 좋은데 하체는 얇다면(내 얘기) 상체는 붙는 스타일로 입고 하체는 여유 있는 폭의 바지를 입는 것이 좋아 보이지 않을까? 그 반대로 입는다면 얼마나 이상하겠는가?

항상 약점은 가리고 강점은 드러나는 패션을 유지해야 한다. (매력적인 여성들은 언제나 이렇게 하고 있다.) 속옷이나 양말 하나도 신중하게 구입하고 모든 패션은 서로 호환되어야 한다. (머리끝부터 발끝까지 완벽하게 차려입고 스머프 양말을 신었다면?) 모든 것에는 '균형의 미학'이 있어야 하기에 패션에 있어서도 좌로나 우로나 치우치지 않아야 하는 것이다. 나는 당신이 옷차림에 너무 많은 신경을 쓰며 바지에 체인을 감고 돌아다니라고 말하는 것이 결코 아니다. 자신의 옷차림이 깔끔하고 센스 있는 스타일인지 머리끝부터 발끝까지 항상 체크하라는 것이다. 여자들이 열광하는 남자 연예인 스타일을 보고 비슷하게 따라만 해도 누구나 금방 옷 잘 입는 남자가 될 수 있다.

연예인이 아니더라도 길거리에 지나가는 훈남의 옷차림을 보고 비슷한 스타일로만 입어도 충분히 매력적으로 보일 수 있다. 어차피 옷차림을 똑같이 모방할 수는 없을 테니 따라 하는 과정에서 당신만의 개성과 스타일이 생길 것이다. 그러니 제발 스머프 같은 캐릭터가 그려진 티셔츠나 아저씨 같아 보이는 체크 남방 같은 것은 입지 마라!

아무 생각 없이 습관적으로 집에 있는 옷을 꺼내 입지 말고 여성에게 멋지게 보일 만한 스타일로 옷을 입어라! 옷 살 돈이 없다고 얘기하지 않기를 바란다. 내게 의복 구입비가 많이 들 것 같다고 비아냥댔던 남자들에게 항상 얘기했었다. "네가 지금 입고 있는 그 코트 하나 가격에 나는 열 벌은 살 수 있어"라고···.

나는 명품과 브랜드에 별 관심이 없는 사람이다. 선물 받은 명품 옷 외에 내가 구입한 명품은 하나도 없다. 얼마나 비싼 옷을 입고 있느냐보다는 내 몸매가 어떤지가 더 중요하고 깔끔하고 단정한 스타일로 옷을 입는 것이 패션의 핵심이라고 생각하고 있다. 남자가 패션에 신경을 쓰는 습관을 들이는 것만으로 얼마나 많은 매력적인 여성의 시선을 받게 되는지 당신이 꼭 경험해 보았으면 좋겠다.

독서와 운동은 인생 치트키다

독서는 당신의 사고력을 키워 준다

　당신이 이상형의 여자를 얻기 위해서 실천해야 할 가장 중요한 것 중 하나는 바로 독서이다. 조던 피터슨 교수는 말했다. 책 읽기가 이렇게까지 간과되는 것을 보면 이러한 행태에는 어떠한 음모가 있는 것이 아닌가 하는 생각마저 든다고… 그렇다. 독서는 정말 꼭 해야 하는 것이고 너무나 위대한 것이다.

　우선 당신은 이 책을 구매해서 읽고 있는데 반드시 반복해서 제대로 읽어야 한다. 책의 내용과 방향성을 완벽히 이해하려고 계속해서 생각을 해야 한다. 그리고 지금 읽고 있는 'part 3'의 실천사항 리스트는 반드시 지켜 나가야 한다. 우리 삶에 있어서 독서가 중요한 이유는 스스로 사고할 수 있는 기회를 줘서 당신을 더욱 똑똑하고 지혜롭게 만들어 주기 때문이다. "이상형의 여자를 얻는 유일한 방법"이라는 책을 읽으면 자동으로 매력적인 남성이 되는 것이 아니라 이 책을 통해 올바른 방향성을 깨닫고 깨달은 내용을 계속해서 생각하며 적용해 보고 고민하는 과정을 통해 당신은 매력적인 남자가 무엇인지 제대로 이해하게 되고 급기야 스스로의 매력적인 남성성을 찾아가게 되는 것이다.

내가 '인생 치트키'라고 언급한 독서를 매일 하게 되면 당신은 날마다 더욱 똑똑해지고 좋은 책을 분별할 수 있는 능력이 생기게 되며 그러한 좋은 책들을 꾸준히 읽는 것만으로도 대중들의 편협한 사고방식에서 벗어날 수 있게 된다. 대다수의 사람들은 미디어에서 주입하는 사고방식을 일률적으로 가지게 되지만 당신은 스스로 찾아낸 책을 통해 선택적으로 사고할 수 있게 되기 때문이다.

운동 좀 제발 하면 안 되겠니?

독서와 함께 인생의 치트키가 되어 주는 또 다른 멋진 놈은 '운동'이다. 찐따남들은 운동하라고 아무리 얘기를 해 줘도 팔굽혀펴기 한 번을 하지 않는다. 나는 이러한 한심한 남성들은 이상형의 여자를 얻을 자격이 없다고 생각한다. 만약 당신이 근력 운동과 유산소 운동을 하지 않고 있는 남자라면 앞으로 운동을 하겠다는 계획이나 다짐만 하지 말고 지금 당장 운동을 시작해라! 운동은 인간이라면 무조건 해야 하는 것이다.

지금 당장 책 읽기를 중단하고 팔굽혀펴기 10개라도 하고 와서 다시 책을 읽어라. 운동을 초보자가 몇 세트로 몇 개씩 해야 하는지 고민하는 것은 아무 의미가 없다. 운동은 그냥 시작하면 되는 것이다. 초보자일 때는 어떻게 운동을 하던 열심히만 하면 몸이 금방 변한다. 헬스장에 가서 웨이트 운동을 하든지 집과 공원 등에서 맨몸 운동 중심으로 하든지 무조건 턱걸이, 팔굽혀펴기, 런지 등의 운동을 기본으로 삼아 당장 운동을 시작하길 바란다. 턱걸이와 팔굽혀펴기, 런지, 스쿼트 같은 단순한 맨몸 운동만 꾸준히 해도 몸은 놀랍도록 좋아진다. 한두 가지만의 동작만 꾸준히 해도 일반적인 남자들과는 비교할 수 없는 멋진 맵시의 몸매를 가질 수 있다.

쓸데없이 헬스장에서 비싼 PT를 끊고 단백질을 과다하게 섭취하는 보디빌딩식으로 '무식한 몸'을 만들지 말고 건강하면서도 멋진 몸(어깨깡패)을 지금 당장 만들어 가라! 나는 우리나라 헬창 문화에 상당히 비판적인 사람이다. 사실 나만 그런 것이 아니라 정말 운동에 있어서 전문적인 사람들은 모두 대중들의 보디빌딩 문화에 문제가 많다는 것을 알고 있을 것이다. 그러나 어느 분야나 그렇듯 멍청한 대중들은 어설픈 전문가들의 말을 맹목적으로 신봉한다. 그러나 그 호구들이 돈을 쓰는 산업은 건강하고 효율적인 방향으로 발전을 하는 것이 아니라 그 산업에 종사하며 주머니를 채우는 사람들이 효율적으로 수익을 얻는 방향으로 발전한다.

피트니스 업계가 정확히 그런 곳이다. 운동을 하려고 마음먹은 사람들은 당연한 듯이 헬스장에 가서 헬스 트레이너에게 PT를 받는다. 그렇지만 헬스 트레이너 중에 운동의 진정한 목적에 대해서 제대로 이해하고 있는 사람은 과연 얼마나 될까? 그저 보디빌딩식의 교육만을 받은 뒤 근육을 고립시킨 상태로 특정 동작을 반복하여 빠르게 근비대를 이루는 것에만 초점을 두는 방식으로 회원들을 지도하는 트레이너들이 대부분이다.

물론 소수의 진짜 전문가들은 존재하겠지만 그래 보았자 보디빌딩의 전문가에 불과하다. '헬스'라는 단어와는 너무나 거리가 먼 것을 가르치는 운동 전문가들인 것이다. 그러므로 개나 소나 될 수 있는 헬스 트레이너들에게 PT를 받지 말고 스스로 운동 동작에 신경을 쓰면서 셀프 피드백을 해 가며 근력을 단련하는 운동을 꼭 하기를 바란다. 무엇이든지 편하게 돈을 내고 배우려고 하니까 똑똑하게 습득하지 못하게 되는 것이다.

요즘은 찾아보면 어떤 정보든 검색으로 모두 알 수 있는 시대가 되었다. (그것도 초고속으로 말이다.) 그런데도 왜 동네 헬스장 트레이너에게 고액의 PT를 받는지 이해가 되지 않는다. 그리고 남자가 여자에게 PT를 받는 것만큼 덜떨어져 보이는 것이 없고 여자도 남자에게 PT를 받으면서 엉덩이를 만지도록 허락해 줄 이유가 하나도 없다. 여자의 몸과 남자의 몸은 엄연히 다른데 왜 이성에게 운동을 배우는 건지 아이러니하다. 헬창들은 끊임없이 운동에 대한 영상을 보고 연구 자료 등을 분석하곤 하던데, 물론 나도 그렇게 해 보았지만 보디빌더가 아니라면 결론적으로는 그냥 적당히 무리하지 않는 선에서 열심히 운동하는 게 최선이다.

지금 대다수의 헬스인들이 운동에 대해 신경 쓰고 고민하는 것들은 사실 대부분 쓸데없는 것들이다. 대표적으로 당신이 잘못 알고 있을 가능성이 높은 운동 상식들에 대해서 알려 주자면….

당신이 잘못 알고 있을 가능성이 굉장히 높은 운동 상식들

1. 유산소를 먼저 하든지 웨이트를 먼저 하든지 사실 크게 상관이 없다.
2. 근손실은 보디빌더나 걱정해야 할 사안이다.
3. 운동 전 스트레칭은 사실 크게 중요하지 않다. (동적인 스트레칭을 잠시 해 주면 된다. 운동 후 스트레칭이 더 중요하다.)
4. 종합비타민이나 항산화제의 경우 오히려 운동 능력을 떨어뜨린다. (천연 음식을 먹는 것이 언제나 최선)
5. 유산소 운동을 꼭 30분 이상 해야만 효과가 나타나는 것은 아니다. (잠시만 해도 효과는 있다.)
6. 근력 운동도 다이어트에 효과가 있다.
7. 특정 부위의 운동에만 집중하면 근육 발달의 불균형을 가져온다.
8. 정상적인 식사만 해도 단백질은 충분히 공급된다. (보충제 필요 없다.)
9. 자연스럽지 못한 동작으로 (허리를 숙이는 등의) 중량 운동을 하면 부상을 당할 가능성이 굉장히 크다. (데드리프트, 로우 계열 운동들)
10. 보호대를 항상 착용하면 해당 부위가 약해진다.
11. 머신 운동은 타겟으로 하는 부위가 쉽게 굵어지게 만들지만 머신 위주로만 운동을 할 경우 몸의 불균형을 초래한다.
12. 고립식 근력 운동보다는 체중이 하체에 부과되는 운동이 뼈 밀도를 높게 만드는 데 좋다. (예로 들어 러닝, 복싱, 축구 등)
13. 체지방이 적당히 존재하는 것이 건강한 몸이다.
14. 코어 근육은 중요하지만 복근을 만드는 운동에만 집착하면 오히려 허리를 약하게 만들게 된다.
15. 인간에게는 걷거나 달리는 등의 몸을 세운 상태로 하는 운동이 중요하다.

당신이 보디빌딩 상식이 아니라 인간이 어떤 동물인지에 대해서 기본적인 상식을 가지고 운동에 접근한다면 운동을 어떻게 해야 할지는 굉장히 단순명료해진다. 당신은 서서 두 발로 걷는 동물이고 달릴 수 있는 동물이기에 당신에게 필요한 운동은 당신이 일상생활을 더 잘할 수 있도록 만드는 근육과 그 근육을 올바로 사용할 수 있는 운동신경을 길러주는 운동들인 것이다.

또한 당신이 운동을 하는 이유는 적나라하게 얘기해서 사랑하는 여자와 사랑을 더 잘 나누기 위해서 그리고 위험한 상황에서 자신과 가족을 더 잘 보호하며 활기차게 일상생활을 하기 위해서일 것이다. 그렇다면 과연 특정 근육을 크고 선명하게 만들기 위한 보디빌딩만이 정답일까? 결코 아닐 것이라고 본다. 대부분의 사람에게는 적당한 유산소 운동과 몸의 기능성을 높이는 맨몸 운동을 병행하는 것이 훨씬 더 지혜로운 선택이 될 것이다. (웨이트는 적당한 무게로만) 요즘에는 다들 헬창 문화에 미쳐 있어서 근육이 크면 무조건 좋은 것이라고 생각한다. 물론 나 또한 개인적인 성적 취향에 따라 가슴이 크고 엉덩이가 큰 여성이 좋다. 그렇지만 가슴과 엉덩이가 괴물처럼 큰 여성이 좋은 것이 아니라 돼지가 아닌데도 어쩜 저렇게 매력적인 신체를 가지고 있나 싶을 정도의 몸에 매력을 느끼는 것이다.

즉 인위적으로 만들어진 몸이 아니라 자연스러우면서도 아름다운 이성의 몸을 원하는 것이다. 여성들이 듬직한 어깨의 남자를 좋아하고 하체가 튼실하며 엉덩이가 발달한 남자를 좋아한다고 하지만 그것이 괴물처럼 몸이 큰 남자를 말하는 것은 아닐 것이다. 남자들이 생각하는 것처럼 큰 몸을 여자들이 좋아한다면 대부분 마른 체형의 근육을 가진 한국의 남자 연예인들은 왜 그토록 인기가 많은 것일까? 나는 지금까지 '공지철'이 매력적이지 않다고 말하는 여성을 단 한 명도 만나 보지 못했다. 그런데 왜 피트니스 센터에서는 몸을 두껍고 크게 키우려고만 하는 남자들로 가득한 것일까? 그리고 왜 헬스 트레이너 중에는 여자친구가 예쁜 사람을 찾아보기 힘든 것일까?

당신은 진실을 보아야 한다. 네츄럴한 몸이 가장 매력적이면서도 건강한 몸이다. 당신의 타고난 체격이 클 수도 있고 마른 체형을 타고 났을 수도 있지만 당신이 가지고 있는 몸에서 네츄럴한 근육질의 몸을 만드는 것이 가장 매력적으로 변하는 길인 것이다.

어깨깡패가 되어 보자!

만약 당신이 몸을 크게 키우고 싶은 욕구가 너무나 큰 남자라면 대부분의 여성들이 남자의 어깨가 넓은 것을 선호하기에 어깨가 넓어 보이게 만드는 근력 운동들에 특별히 집중하면 될 것이다. 어깨 넓은 남자가 인기가 많다고 해서 어리석게도 어깨의 작은 근육들을 타겟팅하여 운동하는 '사레레'와 같은 운동을 하려고 하는 남자들이 많은데 사레레는 보디빌더에게나 필요한 운동이라고 생각한다.

웬만한 무게로 아무리 열심히 해 봤자 시각적으로 어깨가 넓어진다는 느낌을 받기 어려운 동작이다. 많은 사람들이 알고 있듯이 어깨가 넓어 보이려면 상체 프레임 자체를 키워야 하고 등 근육과 어깨 주변 인대와 관절이 사용되는 운동을 주로 해야 한다. 우리 몸의 근육과 신경은 전부 연결되어 있기에 어깨 운동만 한다고 어깨가 넓어 보이게 되는 것이 아니다. 전반적인 상체 운동을 다 같이 해 줘야 견갑이 벌어지면서 어깨가 넓어 보이는 남자가 된다. 당신이 지금 아무리 멸치이고 왜소한 체격을 가지고 있다고 해도 모든 남자는 운동만 꾸준히 하면 멋진 몸을 가질 수 있게 된다.

운동을 하는데도 몸이 좋아지지 않는 사람을 지금껏 단 한 명도 보지 못했다. 운동해도 뼈대는 커지지 않는다고 말하는 헬스인들도 있는데 뼈의 사이즈 자체는 넓힐 수 없지만 근육을 붙이고 뼈의 위치를 이동시켜서 시각적으로 훨씬 더 커 보이는 상체를 만들 수는 있다는 사실을 기억하자. 나부터가 정말 심각한 멸치에서 운동을 통해 어깨깡패가 되어 가고 있는 케이스이기에 이렇게 얘기할 수 있는 것이다. (사실 어깨는 좁은데 얼굴이 작다) 당신이 어깨깡패가 되기 위해서는 턱걸이와 머슬업 같은 운동들은 꼭 해 줘야 한다. 이 운동들은 전신을 골고루 발달시켜 주고 상체의 프레임을 넓게 만들어 준다.

그리고 '수영'은 시각적으로 넓어 보이는 어깨를 만드는 데에 무척이나 좋은 대단한 운동이다. 수영을 하면 피부가 좋아지고 건강도 얻을 수 있으니 개인적으로 이만한 운동이 없다고 생각한다.

신체적 자기방어가 필수인 시대

만약 당신이 피지컬적인 자신감이 심하게 부족한 남성이라면 복싱이나 격투기 종류의 운동도 반드시 하길 바란다. 본능적인 생존능력에서 자신감이 부족한 남자가 예쁘고 몸매가 환상적인 여자랑 연애하는 그림은 잘 그려지지 않는다. 싸움을 잘해야 한다는 뜻이 아니라(나도 학창 시절에 싸움을 못해서 맞고 다녔다.) 자신감을 위해서 본질적인 신체 능력을 기르고 체력을 강해지게 만드는 유산소성 운동도 꼭 하라는 것이다.

러닝머신 위를 달리지 말고 길거리에서 러닝하는 것을 습관으로 만들어라! 러닝은 인간의 기본이 되는 운동이자 혈액순환을 돕고 남자를 밤에 황제로 만들어 주는 멋진 운동이다. 러닝을 하면 무릎이 아프다고? 좋은 자세로 꾸준히 달린다면 러닝을 통해 아픈 무릎이 낫게 되는 것이 정상일 것이다. 항상 암묵적인 변태들과 다른 남성들과의 경쟁에서 내 여자를 독차지하고 지켜 내야 하는 수놈들의 세계를 살아가는 우리에게 운동은 필수적인 것이다. 요즘은 정신이 나간 10대 청소년들이 너무나 많고 성범죄를 일으키는 정신병자들이 많아서 내 여자라고 성범죄의 피해를 입지 말란 법이 없다.

실제로 내가 사귄 여자친구 중에 성폭행을 당한 경험이 있는 여성들이 여러 명이나 있었다. 이렇게나 말도 안 되는 현실을 살아가고 있다는 것을 인지하고 언제나 내 여자를 지켜 줄 수 있도록 남자가 육체를 단련하는 것은 삶의 기본이 되어야만 한다. 남자라면 누구나 꾸준히 신체를 단련하기만 하면 맨날 술만 퍼마시고 담배 연기나 뿜어 대는 길거리 양아치 정도는 쉽게 제압할 수 있게 된다. 이것이 동물과 차별되는 인간의 특징이다. UFC의 미들급 챔피언 이스라엘 아데산야도 학창 시절 뉴질랜드에서 인종차별적 괴롭힘을 심하게 당해서 외로움을 느껴 애니메이션에 심취한 오타쿠 생활을 했었다고 한다.

그러나 지금의 아데산야는 건장한 일반인 남성 4명이 덤볐는데도 이기지 못한 짐승이다. 나는 '인자약'이라서 안 된다는 패배주의에 빠져 있지 말고 인간은 누구나 노력하면 강해진다는 사실을 믿고 어떤 운동이든 당장 시작하자. 그리고 인간으로 태어난 것에 정말로 감사하자. 만약 사자로 태어났다면 암놈들을 독차지하는 수사자가 되기 위해서는 정말 많은 피를 흘려야 했을 것이다.

노팹은 자기 관리이다

오늘도 어김없이 야동을 보고 자위행위를 한 당신에게 해 주고 싶은 말이 있다. 영화 대사이기도 하다.

"평생 딸딸이나 치다 뒤질래?" 책에 '노팹'에 대한 내용을 싣는 것은 대중적으로 결코 지지받지 못한다는 것을 알지만 나는 분명히 노팹(금딸)이 남자의 매력에 좋은 영향을 미친다는 것을 믿는다. 사실 비뇨기과 의사들은 노팹과 성적 건강 같은 것은 상관이 없다며 아직 증명된 과학 연구가 없다는 말을 한다. 그 멍청이들은 아직 연구가 진행되지 않았으면 일단 믿지 말라고 말을 하는 것이다. (그러면서 그들은 아무 효과 없는 정력제 등을 광고한다.) 그러나 그 바보 의사들의 의견과 상관없이 자위행위를 하지 않는 것은 남자에게 상당히 큰 유익을 준다.

허리 디스크 자연치유 경험

먼저 노팹에 대한 자세한 경험을 얘기하기에 앞서 만약 당신이 의사들을 절대적으로 신봉하는 사람이라면 허리 디스크에 관련된 내 경험을 얘기해 주고 싶다. 사실 허리 디스크는 예전에는 의사들이 무조건 수술을 해야 한다고 주장을 하는 질환이었지만 지금은 대중들도 수술을 하면 오히려 허리가 악화된다는 사실을 알고 있는 사람이 많다. (이미 수십 년 전부터 저명한 의사들은 이 사실을 발견했었다.)

그러나 여전히 척추병원에서는 환자에게 허리 디스크가 발견되면 수술이나 시술을 권하는 경우가 많다. 그러나 허리 디스크는 극소수의 특수한 사례를 제외하고는 자연치유로 충분히 나을 수 있는 질환이다. (정선근tv 참고) 그럼에도 의사들이 계속 허리 수술을 권하는 이유는 의사들은 수술을 해야 돈을 많이 벌 수 있기 때문이다. 의료계에서 대체의학이나 자연치유 같은 분야가 충분히 발달할 수 없는 이유는 기득권을 가지고 있는 의사들과 의료계의 수익에 큰 타격을 가져오기 때문이라는 것을 깨달아야 한다.

그렇기에 의사들은 자연치유나 대체의학을 사이비 의학이라고 프레임을 씌우고 조롱하며 매도하는 것이다. 그러나 내가 자신 있게 말할 수 있는 것은 나는 심각한 허리 디스크에서 자연치유로 완치된 경험이 있다. 어떤 약도 시술도 받은 적 없이 스스로 '정선근tv'라는 유튜브 채널과 "백년허리"라는 책을 통해 간단히 공부하고 배운 대로 자세 교정을 실천해서 완전히 낫게 되었다.

그러나 여전히 사람들은 의사의 말을 듣고 허리디스크 수술이 필요하지 않을 때에도 수술을 한다. 의사들을 너무 신뢰해서는 안 된다. 어느 분야든 특정 행위로 돈을 버는 사람의 말은 상당히 비판적으로 들어야만 한다. 그들은 당신의 안위보다 자신의 주머니를 채우는 것에 더 관심이 있는 사람들이기 때문이다.

의사들은 노팹에 대해서 거짓말을 하고 있다

다시 노팹 얘기로 돌아와서 의사들은 적당한 자위행위가 건강에 좋다고 말하기도 하고 "금하면 건강에 안 좋다"라고 얘기하지만 당신은 자위행위를 하고 나서 기분이 다운되고 예민해지며 집중력이 저하되는 경험을 한 적이 있을 것이다. 내가 좋아하는 이성과의 성관계 후에 느끼는 기분과는 사뭇 다르게 자위행위 후에는 패배감이 엄습해 오고 심한 죄책감에 빠지게 되곤 한다. 내 스스로를 찌질하게 느끼게 되는 것이다.

그리고 개인적으로 자위행위를 한 다음 날이나 심하면 며칠에 걸쳐서 무기력하고 자신감이 없는 상태가 되었었고 길에서 마주치는 매력적인 여자의 눈을 쳐다보는 것도 어렵게 느껴지곤 했었던 경험이 있다. 이것이 순간적인 나의 착각인가 싶어서 계속해서 자위행위와 나의 자신감과의 상관관계에 대해 과학자들의 말들과 일상생활에서의 내 경험을 비교하며 생각해 보았는데 확실히 오래도록 자위행위를 하지 않고 절제된 삶을 살고 있을 때에는 아무리 아름다운 여자를 보아도 그렇게 어렵게 느껴지지는 않았다.

그리고 상식적으로 생각해 보아도 여자를 얻을 능력이 안 돼서 집구석에서 남이 성관계한 영상이나 보면서 자위행위를 하는데 자존감이 높게 형성될 수가 있겠는가? 사람에게는 육체만 주어진 것이 아니라 정신을 통한 영적인 영역이라는 것이 존재한다는 것을 생각해 본다면 당신의 자위행위가 당신의 무의식에 어떤 인식이 자리 잡게 하겠는가? 당신이 자위행위를 할 때마다 나는 원하는 여자가 있어도 현실에서는 아무 시도도 못 하고 집에서 자위행위나 하는 '찌질이'라는 인식이 당신의 무의식에 새겨질 것이다.

그런데도 노팹은 남자의 자신감과 관련이 없다? 그런 거짓말을 믿고 살고 싶으면 앞으로도 삼류 과학자들과 의사들에게 속고 살면 될 것이다. 물론 노팹만을 실천한다고 해서 다른 노력을 하지 않는데 마법처럼 여자에게 인기가 있어진다고 주장하고 싶은 것은 결코 아니다. 이러한 극단적인 주장을 하는 사람들은 분명 아직 사고력이 얕은 사람들일 것이다. 그런 사람들이 주로 음모론에 쉽게 빠져서 나같이 진실을 얘기하는 사람들마저 음모론자로 보이도록 만들곤 한다. 어쨌든지 자위행위는 남자의 자신감을 앗아 가는 것이 너무나 분명하다. 그렇기에 자기 절제력을 발휘해 노팹을 실천하며 꾸준히 운동을 하는 남자는 포르노에 중독된 남성들과 비교해 자신감이 가득한 인생을 살게 될 수밖에 없다.

외모적으로도 정신적으로도 남성미가 넘치는 남자가 될 것이기 때문이다. 원래 남자가 정상인 상태에서 비정상적인 행동인 자위행위를 지속하다가 그 비정상 행위를 끊게 되면 원래 가지고 있던 남성으로서의 자신감과 활력이 되살아나게 되는 것이다. 자위행위에 대한 인식이 사람마다 다를 수는 있겠지만 100번 양보해도 어떻게 자위행위가 자연스러운 행위라고 말할 수 있겠는가?

현실적으로 요즘같이 유혹거리가 많은 세상에서는 노팹을 실천하다가 자주 실패하게 될 수도 있지만 상관없다. 우리 인생의 목표는 자위행위를 500일 동안 하지 않는 것이 아니라 이상형의 여자를 얻는 것이다. 사랑하는 여자와 행복하게 잘 살기 위해서 야동과 자위행위의 무분별한 남용으로 인해 나 자신이 자신감을 잃고 망가지는 것을 최대한 막자는 것이다. 즉 목표를 위해 무분별한 성욕까지도 컨트롤하자는 것일 뿐이다.

만약 의지력이 약해져 실수를 하더라도 매 순간 다시 일어나서 야동 따위 보지 않고 원하는 여자와 섹스를 하고야 말겠다는 다짐을 하면 된다. 당연히 나도 내 결심과 다르게 넘어졌던 적이 수백 번은 된다. 그렇지만 계속해서 앞으로 나아가다 보니 지금은 음란물과 자위행위가 내 삶에 어떤 영향도 미치지 못하는 삶을 살게 되었다. 실제로 매일 자위행위 하는 사람과 나처럼 노팹을 실천하는 사람은 일상 속에서 여자를 대할 때 자신감의 차이가 있을 수밖에 없고 당신이 성욕을 절제하며 도전적으로 살다 보면 어느 순간 이상형의 여자하고만 뜨거운 사랑을 나누는 강하고 매력적인 남자가 되어 있을 것이다.

여성에 대한 성적 수치심이 없기 때문에 아무리 화끈한 여자를 보아도 그 여자의 눈치를 보거나 주저하지 않고 남자답고 자연스러운 태도로 접근할 수 있게 될 것이다. 더군다나 당신이 무분별하게 자위행위를 즐기고 있는 사람이라면 발기부전 증상을 겪을 수 있기 때문에 앞으로는 각별히 조심해야 한다.

우리는 실제 여성과의 성관계에서 최대의 쾌감을 느끼며 살아가야 하는데 평소에 비정상적 자위행위를 통해 지나친 자극을 자주 느끼는 사람은 실제 이성과의 성관계에서 느끼는 쾌감이 줄어들 수밖에 없다. 개인적으로도 노팹을 실천한 뒤에 발기력이 엄청나게 강해지고 여자친구와의 성관계 시에 성기 부분에서 느껴지는 감각적인 쾌감이 훨씬 더 커지는 것을 느낄 수 있었다.

다시 한번 말하지만 노팹 자체를 하나의 종교처럼 인식하여 노팹만 오래 하면 엄청난 자신감과 놀라운 이성 관계를 누릴 수 있을 것이라는 기대를 가지자는 것이 아니라 그저 남성으로서의 육체적인 건강함을 회복하고 내 무의식이 스스로를 진짜 남자로 인식하는 상태로 살아가기 위해 포르노와 자위행위를 멀리하자는 것이다!

탈모 걱정하지 말고 화장품과 샴푸를 끊어라!

대한민국 남성들 중에는 탈모에 대해서 걱정하거나 이미 겪고 있는 사람들이 많은 것으로 알고 있다. 몇 년 전만 해도 항상 풍성한 머리숱을 갖고 있었던 나였기에 탈모에 대해서는 생각해 본 적도 없었지만 자주 펌을 하고 염색을 하다 보니 어느 순간 나도 머리숱이 하루에 수백 가닥씩 빠지는 것을 경험하여 정말 감당하기 어려운 스트레스를 받았던 시기가 있었다.

이러다가 "나도 대머리가 되는 건가?" 하는 걱정이 밀려왔었다. 대머리가 되면 아무리 잘생겨도 소용이 없고 어떤 옷을 입어도 늙어 보이지 않는가…. 그래서 나는 간절한 마음으로 탈모의 원인에 대해 독서를 하기 시작했고 샴푸와 염색약 그리고 펌 등을 끊어야 한다는 결론을 내리게 되었다. 유튜브나 인터넷상에 이미 이런 주장을 하는 사람들이 많지만 매스미디어에서는 이런 사람들의 주장을 비과학적인 것으로 매도하며 오히려 샴푸를 쓰지 않으면 탈모를 촉진시킬 수 있다는 말을 하여 순진한 대중들에게 겁을 준다. (그리고는 탈모약을 복용하게 만든다.)

그렇지만 내가 직접 경험해 본 것을 당신에게 알려 주자면 우선 화장품과 샴푸를 끊어도 아무 일도 일어나지 않는다. 오히려 피부와 두피는 조금 더 건강한 상태가 된다. 왜냐하면 피부는 '흡수기관'이 아니라 '배출기관'이기 때문이다. 나는 로션과 스킨을 전혀 바르지 않은 지 몇 년이 지났다. 그런데도 나의 피부는 전혀 당기지 않고 각질이 순간적으로 일어났던 시기는 있었으나 대부분의 시간 동안 나의 피부는 건강하며 나이에 비해서도 어려 보인다.

내가 아무런 화장품을 쓰지 않는다고 하면 사람들은 깜짝 놀라곤 한다. 나는 지금 현재 그 흔한 선크림도 바르지 않고 있지만, 만약 꼭 선크림을 발라야 한다는 생각이 들면 내가 직접 무해한 성분으로만 구성된 천연 선크림을 만들어서 쓸 것이다. 그리고 샴푸 또한 쓰지 않고 있고 계면활성제가 전혀 들어가지 않은 깨끗한 비누로만 머리를 감고 있다. 비듬이 생기지 않냐고? 비누로 감는데 왜 비듬이 생기냐? 샴푸로 매일 머리를 감으면 샴푸의 세정력이 너무 강해 두피 속의 건강한 피지까지 모두 씻겨 나가게 된다.

지나친 샴푸 사용은 우리 두피라는 건강한 흙에 마구마구 농약을 뿌려 대는 것과 같다. 당연히 뿌리부터 약해질 테고 머리숱이 점점 빠지기 시작할 것이다. '탈모의 원인이 오로지 샴푸 하나다'라고 주장하는 것은 아니지만 내가 생각할 때 샴푸 사용량이 급증한 이후 수십 년 동안 습관처럼 샴푸를 사용해 온 어른 세대들부터 탈모가 심하게 진행되는 현상들이 나타나고 있다고 생각한다. 머리를 전혀 감지 않는 노숙자 할아버지들도 머리숱은 많은 것을 볼 때 나의 이러한 주장을 전혀 근거가 없다고 묵살하기는 쉽지 않을 것이다.

대부분의 사람은 이런 내 주장을 믿지 않을 것이고 기업들은 자신들이 연구비를 지원하여 만들어 낸 해당 업계의 연구 결과를 들먹이겠지만 나는 그런 연구를 조금도 신뢰하지 않는다. 나는 탈모 증상을 완전히 치료한 경험이 있고 샴푸를 전혀 사용하지 않음에도 머릿결 또한 나쁘지 않은 상태로 살고 있다. 오히려 예전보다 더욱 차분한 헤어스타일이 되어 외모가 더욱 자연스럽고 보기 좋아져서 나조차도 한 번씩 놀란다.

그러므로 내가 추천하는 바는 화학물질 덩어리인 화장품과 샴푸를 사용하지 말고 이것들이 필요하다고 느낀다면 각자 판단에 따라 천연제품을 만들어 사용하라는 것이다.

치약이나 샴푸, 화장품, 세정제 같은 종류의 제품들은 지나친 세정력으로 우리 몸의 필요한 성분마저 씻겨 내려가게 해 버린다는 사실을 기억하기 바란다.

GMO 식품은 쓰레기통에 버리자

요즘에는 황당하게도 GMO 식품이 몸에 나쁘지 않다고까지 주장하는 인간들이 있다. 농약을 비행기로 살포해도 죽지 않는 곡물을 만들기 위해 유전자 조작을 해서 농약에 내성을 가진 작물로 GMO 식품을 만들어 팔고 있으면서 이 쓰레기들이 우리 몸에 나쁘지 않다고 주장한다는 게 코미디다. 더군다나 대한민국이라는 나라는 충격적이게도 GMO 식품에 대해서 표기조차 하지 않는 나라이다.

다국적 식량 기업에 우리나라의 정치인들은 영혼을 팔아넘겼나 보다. 그러나 건강에 관심이 많은 정치인들은 마트에서 식료품을 사지 않고 천연으로 재배를 하는 농가와 결연을 맺고 농산물을 공급 받아먹는 경우가 꽤 있다고 한다. 우리가 먹고 마시는 것이 우리의 몸을 이루고 정신에도 영향을 미치는데 이런 부분들에 조금은 관심을 가졌으면 한다. 당신의 주방과 냉장고에 있는 식품들 중 지금 당장 쓰레기통에 갖다 버려야 할 것들이 굉장히 많지만 그중 하나만 알려 주자면….

카놀라유(특정 상품을 지칭하는 것이 아님)와 같은 식물성 기름이다. 낮은 단가로 생산되는 이런 기름들은 쓰레기 중의 쓰레기다. 당신이 암에 걸리거나 심혈관 질환에 걸려서 보험금을 받고 싶다면 이런 기름을 계속 사용하면 된다. (이미 식당에서는 대부분 사용되지만) 튀긴 음식은 다 좋지 않지만 그래도 음식을 굽고 튀길 때 기름을 꼭 써야겠다면 '올리브유 엑스트라 버진'으로 조리하는 것이 낫다. 올리브유로 음식을 튀기는 게 건강에 좋다는 것은 아니지만 말이다.

여자를 놀릴 수 있으면
모든 문제는 해결된다

자기 관리에 대한 얘기까지 충분히 했으니 이제부터는 여자랑 직접적으로 소통하는 방식에 대해서 배워 보자! 지금부터의 내용이 이 책의 핵심 하이라이트라고 보면 되므로 정신이 맑은 상태로 읽어서 내가 전달하고자 하는 바를 명확하게 이해해 나가기를 바란다.

당신은 앞으로 아름다운 여자들과 마주하게 될 때마다 게임을 한다는 느낌으로 맘에 드는 여자를 '놀리기' 시작해야 한다. 여자를 놀리는 행위는 여자에게 관심을 표현하면서도 여자로 하여금 "나에게 이렇게 편하게 장난을 치는 것을 보니 내가 이 남자에게 성적 매력이 없는 편한 존재인가?" 하는 불안감을 심어 준다. 그리고 아이러니하게도 여자는 이런 불안감을 가질 때 상대 남자에게 매력을 느끼고 남자를 갈구하게 되는 습성이 있다. 즉 내게 큰 호감을 표현하지 않는 남자에게 흥미를 가지게 되는 것이다. (그러나 아예 관심이 없는 느낌을 주면 여자는 포기해 버린다.)

사람들이 도박과 같은 행위에 중독될 때의 패턴을 보면 항상 수익을 얻기보다는 손실을 더 자주 보지만 가끔 수익을 보게 될 때가 오히려 보상의 기쁨을 더 크게 느끼게 된다는 것을 알 수 있다. 이런 사실에 빗대어 볼 때 매력적인 방식으로 여성을 놀리는 남자는 상대가 자신에게 중독되도록 만들 수 있다는 것이다. 다정한 말이나 원하는 느낌을 쉽게 주지 않는 어려운 남자가 가끔씩만 여자가 원하는 행동을 할 때 여자는 그런 남자에게 강한 호감을 느낄 수밖에 없다.

이성 관계가 아니더라도 인간관계 자체만 생각해 봐도 언제나 부르면 나오고 내가 해 달라는 것을 모두 해 주는 친구보다는 약속을 미리 정하지 않으면 보기가 어렵고 평소 까칠하게 굴다가 한 번씩 잘해 주는 친구가 더 소중하게 느껴지고 매력적으로 느껴지는 경우가 많을 것이다. 당신이 여자에게 마냥 친절하기만 한 남자가 아니라 짓궂은 농담을 하고 매번 자기 의사를 확실히 표현하다가 한 번씩 여자에게 다정하고 세심한 모습을 보여 주게 되면 여성들이 당신에게서 매력을 느끼게 될 것이다. 이러한 인간관계의 기본적 원리만 이해해도 앞으로 당신의 이성 관계는 놀랍도록 발전하게 될 것이다.

여자를 '잘' 놀리는 것만 연습해도 당신은 꿈꾸던 여자를 얻을 수 있게 된다

누군가를 놀린다는 것은 당연히 그 상대보다 내가 우위에 있다는 것을 암시한다. 직장 상사를 놀릴 수 있는가? 일반적인 성격의 남자들은 힘들 것이다. (그렇다고 윗사람을 놀리지는 마라. 남자를 대하는 태도와 여자를 대하는 태도는 언제나 달라야 한다.) 내가 그 사람이 편하고 그 사람보다 우위에 있다고 느낄 수 있어야 상대를 놀릴 수 있다. 최소한 동등하게는 느껴야 농담을 편하게 할 수 있을 것이다.

고로 여자를 놀린다는 것은 은연중에 내가 너보다 우위에 있다는 것을 사회적 지능을 통해 보여 주는 것이라고 할 수 있다. "나는 너처럼 쩌는 여자를 마주해도 전혀 위축되거나 긴장하지 않아. 편하게 장난칠 수 있어"라는 여유를 여자의 무의식에 전달하는 것이다.

그렇기에 상대가 예쁘고 섹시한 여자일수록 주변 남자들에게 항상 대우받으며 살아왔을 것이고 그 여자의 비위를 맞추려고 하는 남자들을 많이 경험했을 것이기에 우리는 그 여자를 신나게 놀려야 한다. 신기하게도 여자를 잘 놀리기만 해도 나를 편하게 여기며 호감을 표현해 오는 일이 자주 생기게 된다.

지금껏 살아오면서 당신이 여성에게 편하게 장난을 치고 놀리거나 했을 때 여자가 당신의 팔을 때리며 '아잉 오빠 진짜' 하면서 격하게 반응하는 그런 경험을 해 본 적이 있었을 것이다. (한 번도 없다면 미안하다.) 그런 경험이 없었다고 해도 괜찮다. 이제부터 여자를 놀리는 것만 잘 연습해도 당신이 원하는 여자가 먼저 당신의 몸을 터치하도록 만들 수 있는 남자가 될 것이다. 그러나 여자를 놀릴 때 가장 주의해야 할 것은 여자를 놀리고 나서 여자가 불쾌해한다고 해서 바로 꼬리를 내리고 사과를 하는 등의 행동을 절대 하지 않아야 한다는 것이다.

이 '규칙'을 지키려면 선행되어야 할 것이 있는데 절대 상대방의 약점을 가지고 놀려서는 안 된다는 점이다. 최소한의 사회성이 있는 남자라면 상대방이 열등감을 느낄 만한 요소를 가지고 비열하게 농담하지 않아야 한다. 상대의 '강점'을 깐다거나(예로 들어 엄청 큰 가슴) 사회적으로 칭찬의 요소가 될 수 있을 만한 주제를 가지고 여자를 놀려야 한다. 그렇지 않은 경우에도 중립적인 요소를 가지고 장난을 쳐야지 상대가 스트레스받을 만한 주제로 놀려서는 안 된다.

개그맨 신동엽이나 탁재훈 같은 사람이 심각하게 선을 넘는 농담을 하는 것을 본 적이 있는가? 상당히 짓궂으면서도 기분 좋게 할 만한 농담만을 구사할 수 있어서 그들이 천재 소리를 듣는 프로인 것이다. 당신이 상당히 짓궂으면서도 기분 좋게 할 만한 농담(장점을 놀리기)이 무엇인지 이해하지 못하면 이성 관계에 변화는 영원히 일어나지 않을 수도 있다. 그러나 당신이 이러한 농담을 깨달아 나간다면 원하는 여자를 만나는 것도 아주 수월해질 것이다. 여자를 놀리며 대화하는 연습을 집중적으로 하고 싶은 남자가 있다면 바에 가서 바텐더랑 대화하는 것을 추천한다. 혼자 갈 엄두가 안 난다면 편한 지인과 함께 가면 된다.

여자 바텐더를 상대하는 연습이 좋은 점은

1. 남자를 잘 다룰 줄 아는 고수의 여자와 대화하는 연습이라 좋다.
2. 대체적으로 외모가 뛰어난 여자와 대화하는 상황에 강제적으로 놓이게 돼서 좋다.

바텐더 중에는 정말 섹시하고 예쁜 여자들도 꽤 있다. 그러나 이 여자들은 쉽게 돈을 벌기 원하는 좋지 않은 습성을 가지고 있기 때문에 진지하게 사귀려는 생각은 버리고 그저 스파링 상대로서만 활용하길 추천한다. 양아치와 싸워서 이길 수 있으면 모범생과 싸워 이기는 것은 대체적으로 어렵지 않을 것이 아닌가? 바텐더 같은 여자들을 자신감 있게 놀리고 대할 수 있게 되면 일반적인 여성을 다루는 것은 비교적 쉽게 여겨지게 될 것이다.

유의할 점은 바에 가서 양주를 시키는 바보짓을 해서 호구 잡히지 말고 무조건 맥주만 시켜야 한다는 것이다. 바에서 허세 부리다가는 있는 돈 다 털리고 나올 수 있기 때문에 바텐더가 양주를 권하더라도 어차피 한 번 보고 안 볼 여자이기 때문에 어려워할 것 없이 "나는 맥주밖에 못 마셔" 하면서 맥주랑 마른안주 따위를 시키고 앞에 앉은 바텐더에게 짓궂은 농담을 계속 던져라. 유쾌한 분위기로. (바텐더에게 맥주는 1, 2병 사 줘도 된다.)

예로 들어 당신이 맥주를 마시고 있는데 새로 출근한 바텐더가 존예라면 "아까 사장님이 미모의 바텐더가 곧 출근한다고 하셨는데… 흠… 미인은 언제 와요?"라는 식의 드립을 쳐라. (존예이기 때문에 이런 멘트가 통한다. 못생긴 여자에게 하면 절대 안 된다.)

이런 멘트만 익살맞게 할 수 있어도 여자를 엄청 웃길 수 있다. 그럼 보통 "이 새끼 흥미로운 새끼네" 하는 표정으로 여자가 나에게 흥미를 가지는 것을 느낄 수 있게 된다. 대부분 바에 오는 찐따남들이 돈으로 어떻게 여자를 해 볼까 하는 놈들인데 젊은 남자가 매력적인 화법을 가지고 와서 맥주만 마시는 선을 긋고 유쾌한 농담을 계속 던지면….

찐따남들에게 지쳐 있던 여자들은 흥미를 가지고 대화하게 되고 실제로 내가 처음 바에 가서 바텐더를 실컷 놀리고 나서 그 바텐더가 여러 차례 내 전화번호를 물었고 며칠 뒤 전화가 와서 따로 만나고 싶다는 얘기를 했던 적이 있었다. (당시 나는 상당히 숙맥이었음에도)

여자를 놀릴 때 주의할 점

여자에게 농담을 할 때는 상대가 콤플렉스로 여길 것 같거나 사회적으로 기분 나쁠 만한 농담 그리고 남과 비교하는 듯한 뉘앙스가 들어가는 말은 절대로 하면 안 된다. 그러나 대부분의 찐따남은 자기 의도와는 상관없이 항상 이런 말을 한다.

예로 들어 "우와 정말 이쁘시네요. 우리나라에서 진짜 잘나가는 연예인 제외하면 제일 이쁘신 것 같아요." 찐따들은 이것이 대단한 칭찬이라고 생각한다. 그러나 여자 입장에서는 "뭐야 그럼 나보다도 예쁜 여자가 있다는 거네. 왜 그걸 굳이 얘기하지?"라고 기분 나쁘게 생각한다. 칭찬을 하고도 욕을 먹게 되는 상황이 되는 것이다. 이런 칭찬을 하느니 차라리 입을 다물고 가만히 있는 것이 낫다.

"머리 진짜 작다. 근데 옆에 분은 더 작네." 이런 건 '티징'(매력적으로 놀리는 것)이 아니다. 기분 나쁘게 비교하는 것이다. 앞서 언급한 신동엽이나 탁재훈이 상대가 기분 상하도록 농담을 하는 것을 본 적이 있는가? 그리고 여자와 대화를 나눌 때는 계속 반복해서 얘기하지만 저자세를 절대 하지 말아야 하는데 간혹 여자 무리에 항상 끼어 다니는 남자들 중에 상당히 여성스러운 성향을 가지고 있거나 여성들과 잘 어울리기는 해도 남자로서의 매력이 전혀 없는 남자들이 있다.

그런 남자들의 특징은 언행에 경박한 느낌이 있거나 촐싹거린다는 것이다. 남자는 가벼운 느낌이 들면 매력이 상당히 떨어진다. 나 같은 경우도 과거 가벼운 느낌이 좀 있다는 지적을 많이 들었었는데 좀 더 남자다운 분위기를 풍기기 시작하면서 여성들에게 인기가 있어지기 시작했었다.

그리고 여자가 남자를 테스트하기 위해서 하는 질문들이나 짜증 내는 태도 같은 것에 휘둘려서 섣불리 사과하거나 감정이 요동쳐서 바보처럼 행동하는 모습 역시 가벼운 남자가 되는 지름길이다.
여자가 남자를 테스트하기 위해서 하는 그런 질문들에 대응을 하는 올바른 방향성은 그냥 무시하거나 여유롭게 응대하는 것이다.

흔히 픽업 아티스트들은 멘트를 가르쳐 주곤 하는데, 예로 들어 당신이 처음 보는 여자한테 번호를 물어봤는데….

여자가 "원래 여자 번호 자주 물어봐요?"라고 묻는다고 치자.

어떤 상황이든 마찬가지겠지만 모범 답안 같은 것은 없다. 그러나 픽업

강사들은 보통 여자의 테스트를 피하지 말고 수긍해 버리라고 가르친다.

여 : 원래 이렇게 번호 자주 물어봐요?
남 : 응. 맘에 들면 물어봐. 오늘 네가 14번째야.

이런 식으로 말이다.

여 : 오빠 여자 많죠?
남 : 없다고 하면 믿을 거야?

이런 식으로 대답하는 것은 당신의 외모에 완전히 꽂혔거나 좀 노는 성향의 여자들을 대할 때는 대체로 긍정적이긴 하다. 그러나 모든 여자에게 꼭 이런 식으로 대답해야만 하는 것은 결코 아니다. 물론 최악의 대답은 어쩔 줄 몰라 하며 "절대 번호 같은 거 안 물어보는데 그쪽이 너무 제 이상형이셔서 태어나서 처음으로 여자한테 말 걸어 보는 거예요"와 같은 느낌의 대답이다.

상대방 비위를 맞추려고 인위적으로 노력하는 게 너무 티가 나서 대부분의 여자는 거부감을 느낄 것이다. 픽업쟁이들이 가르쳐 주는 멘트에 의존하지 않더라도 여자에게 휘둘리지만 않으면 어떤 대답을 해도 상관없다. 심지어 "나 눈 높아서 아무한테나 번호 안 물어봐"와 같은 평범한 말을 하더라도 남자다운 바이브로 익살스럽게 하면 언제나 통한다는 것이다.

그러므로 강조하고 싶은 것은 재치 있게 말하는 것도 중요하고 여자의 질문을 때로는 무시해 버리는 여유도 중요하지만 어떤 말을 하든지 남자답고 쩔쩔매지 않는 태도로 하는 것이 가장 중요하다는 것이다.

여자를 놀리는 예시

여자를 놀리는 것에 대해서 설명을 하고 있지만 아직 여자를 어떻게 놀려야 하는지 글로는 이해하기 힘든 순진남들이 분명 많을 것이다. 다들 군대는 다녀왔을 테니 쉽게 이해될 만한 예시를 들자면 군대에서 병장이 이등병 놀리는 듯이 여자를 대하면 된다. 군대에서는 아무리 사회에서 찌질했던 남자라도 병장이 되면 이등병을 고자세로 대할 수 있지 않은가? 그래서 재미없는 농담을 던져도 이등병은 긴장한 상태로 곧잘 대답을 잘하고 어쩔 줄 몰라 하곤 한다. (여자에겐 재미없는 농담을 하지 말자.)

이등병이 개념 없게 행동할 때마다 장난스럽게 "김 이병 카리스마 장난 아니네?" 아니면 기분 나쁜 티를 내는 이등병에게 "아~ 기분이 많이 나쁘셨구나~ 단단히 화가 나셨네?" 이런 식의 조롱….

사실 강아지를 약 올리는 것도 여성을 대하는 올바른 방향성과 상당히 비슷하다. 아무리 강아지가 이쁘고 귀여워도 내가 더 우위에 있다고 생각하고 강아지를 대하지 외출할 때마다 강아지에게 "다녀오겠습니다" 하고 고개를 숙여 인사하는 사람은 없을 것이다. 이렇듯 사랑하는 강아지에게 먹이를 줄 때 줄 듯 말 듯 계속 약 올리며 장난을 치듯이 여자를 놀리고 밀당을 하면서 짓궂은 행동과 다정한 행동을 번갈아 가며 여자의 애간장을 녹이면 된다.

  이렇게까지 얘기해도 어떤 식으로 여자를 대해야 하는지 잘 모르겠다면 주변에서 여자에게 압도적으로 인기가 많은 남자들을 항상 관찰하거나 아니면 TV 연애 프로그램에서 이슈가 되는 남자들이나 유명한 남자 배우들이 편한 인터뷰 자리 등에서 여자를 어떻게 대하는지 참고를 하면 된다.

여자를 놀릴 때 멘트

  책에서 여자와 대화할 때의 '예시 멘트' 같은 것은 제공하는 것은 큰 의미가 없을 가능성이 높지만 그럼에도 아직 이성 관계를 어렵게 생각할 수도 있는 당신을 위해 기록해 보겠다. 픽업 아티스트들은 겨우 이런 문장들을 알려 주면서 황금 멘트니 떠들어 대며 마법의 루틴이라도 제공하는 것처럼 홍보를 하나 과장된 헛소리들에 불과하다. 내가 알려 주는 멘트들 역시 대단할 것 하나 없으니 똑같이 쓰지 말고 창의적으로 변형해서 당신의 말투에 어울리게 사용해야 한다. 그래야 멘트 자체에 의존하는 것이 아니라 당신의 개성에 대한 자신감이 생겨날 것이다.

ex) 여자가 횡설수설할 때
  "××이 소통이 쉽지 않은 타입이네?"

ex) 이것저것 따지는 여자에게 (유쾌한 말투로)
  "××이 피곤한 스타일인 것 같은데?" or "좋은 성격은 '확실히' 아닌 것 같네."

ex) 매우 예쁜 여자를 놀릴 때
"××이는 다 완벽한데 진짜 외모, 커리어 다 좋은데 딱 하나 '성격'이 문제가 있네."(이것은 기분 좋은 농담이다.)

ex) 예쁘고 몸매 좋은 여자를 놀릴 때
"야 너 뛸 때 쿵쿵한다 야."(돼지에게 했다간 멱살 잡힐 수 있다.)

ex) 여자가 자기 것만 챙기는 모습을 봤을 때
"××이 배려가 부족한 스타일이네?"

ex) 여자가 식욕이 강한 모습을 보일 때
"××이는 탐욕이 강한 스타일이구나."

ex) 여자의 옷에 빨간 양념이 묻어 있는 것을 보면
"××이 점심에 김치찌개 먹었나?"

ex) 엄청 기가 센 여자를 대할 때 싸워서 이기려 하지 말고
"다른 남자들에게는 원래 이보다 더 강하게 말씀하신다고요? 깊은 배려에 감사드립니다." or "네가 너무 뭐라 하니까 위축돼서 말을 못 하겠다"라는 식으로 능글맞게 얘기해라.

ex) 나를 무시하고 무언갈 하는 여자에게
"저기 미안한데 조금만 나를 존중해 줄래?"

이런 식으로 부드러운 말도 유머러스하게 얘기하면 여자는 당신에게 상당한 매력을 느끼게 된다. 왜냐하면 이런 방식이 부드럽게 자신감을 나타내는 것이기 때문이다. 찐따남이 픽업 같은 걸 배우게 되면 모든 상황에서 알파남인 것처럼 행동하려고 어울리지 않는 허세를 부리는 경우가 많다. 그렇지만 그런 허세는 언제나 역효과를 가져온다.

세상만사 모든 것에는 균형이 있어야 한다. 상황과 상대 성향에 맞게 완급조절을 하면서 센스 있고 재치 있는 억양으로 얘기를 한다면 거의 모든 상황에서 매력적인 여자들을 빵! 터지게 만들 수 있다. 그리고 마릴린 먼로가 얘기했듯 "여자를 웃게 만들 수 있다면 무엇이든 하게 할 수 있다." 앞으로 아름다운 여자와 함께할 때는 항상 주변 상황을 잘 주시했다가 상황에 맞는 재치 있는 농담을 던져라!

예로 들어, 여자와 산에 갔는데 나이에 비해 늙은이처럼 행동하는 모습을 발견했다면,

"××이 나무에 등은 안 두드리나?" (아줌마들이 자주 하는 행위)

장애인 화장실에 들어가는 여자를 보면,

"××이 장애인이야? 뭐 어떻게… 정신적인 장애인인가?"

이런 농담을 할 때는 억양이 굉장히 중요한데 탁재훈, 신동엽(개그맨) 말투처럼 익살스럽고 재치 있는 말투로 해야지 딱딱하게 하면 미친놈

같다. 그러나 제대로 된 억양으로 이런 말을 하면 어떤 여자든 반드시 빵! 터지게 되어 있다. (유머는 '내용'보다는 '억양'이 절대적으로 중요하다!)

항상 여자와 대화할 때 남자다운 자신감을 유머러스하게 표현해야 여자가 나를 허세남으로 보지 않고 재치 있는 매력남으로 여기게 된다. 너무 진지해서도 안 되고 너무 가벼워서도 안 된다. (이것이 픽업아티스트들이 말하는 '카키 앤 퍼니'다. 어려울 것 하나 없다.)

평상시 진지해야 할 상황에만 진지하게 대화를 하고(항상 진지한 '진지충'은 지루하다.) 그 외에는 여자에게 자주 재치 있는 드립과 놀림을 통해 본능적인 수준의 '어트랙션'을 박아야 한다. 여자는 애태워야 넘어오는 존재다. 스킨십이든 말로 하는 밀당이든 애태울 수 있는 방식으로 해야만 한다.

여기서 한 가지 주의할 점은 이런 식으로 당신이 여자를 자주 놀리는 캐릭터를 가지고 있는데 만약 여자가 당신에게 어떠한 것을 해 달라고 요청하거나 할 때 그러한 것에 쉽게 응해 주게 되면 상당히 부자연스럽게 행동하는 찐따처럼 여겨지게 된다. 당신은 여자를 어려워하지 않고 약 올리는 만만치 않은 캐릭터로 행동하고 있기 때문에 부탁에 쉽게 응하는 자세는 어울리지 않게 되는 것이다.

당신은 여자를 대할 때 언제나 일관성 있게 행동해야 한다. 그래야 인위적으로 매력 있는 척하는 남자가 아니라 존재 자체가 매력 있는 남자로 보여질 수 있는 것이다. (실제로도 만만치 않은 남자가 되어라.)

그러므로 지금부터는 여자를 자주 놀려 주고 여자가 해 달라는 대로 쉽게 해 주지 않는 태도를 보이는 어려운 남자가 되도록 하자! 남자로부터 무언가를 쉽게 얻어 내게 되면 여자는 그 쉬운 남자에게 매력을 느끼기가 쉽지 않다는 걸 명심하자!

카키 앤 퍼니! 매력 있는 매너남이 정답이다

나는 지금껏 여자를 놀리는 것의 중요성에 대해 말했다. 그러나 순진하고 대중적인 남자들은 여자에게 농담을 던지고 약을 올리면 그 여자가 기분 나빠하지 않을까 노심초사하곤 한다. 결코 기분 나쁠 만한 농담을 하는 것이 아닌 상황에서도 말이다. 그러나 여자를 올바른 방향성대로 놀리면 여자가 기분 나빠하기는커녕 오히려 여자의 기분이 좋아지게 된다. 당신이 여자를 어려워하지 않고 편하게 여긴다는 것이 '놀리기'라는 비밀 언어를 통해 전달되고 있는 것이기에 여자는 당신의 남성성에 반응할 수밖에 없다.

이는 당신이 여성들이 사랑하는 남성성이라는 것을 유머러스한 방식으로 표현하고 있기 때문이다. 이런 얘길 찐따남들에게 해 주면 대부분이 다 아는 내용이라는 반응을 보인다. 그러나 그들은 자기 마음에 드는 여자를 보면 절대 이런 방식으로 행동하지 못한다. 그리고 여자는 이런 유형의 남자들이 '자신감 없는 얼간이'라는 사실을 바로 알아차리고 이런 부류의 남자들에게는 어떤 성적 매력도 느끼지 못하게 된다.

당신이 이런 놀리기 전략을 통해 이상형의 여자와 뜨거운 연애를 해 보기 전에는 가볍게 다 안다고 끄덕이며 넘어가지 말고 겸손한 자세로 여자를 놀리는 태도를 완벽하게 자신의 것으로 만들어 나가야 한다. 우리 사회의 대부분의 남자들은 자신들이 매력에 대해서 이해하고 있다고 생각하나 실상은 지루하고 매력 없는 성격을 가지고 있다. 그들은 남녀 관계에 대해서 제대로 알지 못하면서 어디에서나 아는 척을 하고 남들에게 무례한 조언을 하기까지 한다.

 그러한 찐따남들과는 다르게 나는 당신이 매력이 넘치면서도 매너까지 갖추고 있는 남자가 되었으면 좋겠다. 그렇게 되면 남녀 관계에 있어서 최상위층에 속하는 시장 파괴자가 될 수 있을 것이다. 당신이 어디에 가든지 다른 남성들이 당신과의 경쟁에 자신이 없어서 쉽게 포기하게 될 것이라는 말이다. 실제로 과거에는 상상도 할 수 없는 일이었지만 내가 매력남이 되고 나서 넘치는 나의 자신감을 느낀 남자들은 나와 경쟁하지 않으려고 관심이 있던 여자를 포기하는 경우마저 여러 번이나 있었다.

 같은 소셜에 속한 인기녀에게 내가 관심이 있다는 소문이 나고 나서 아무도 그 인기녀에게 대시하지 않는 경우도 있었고 클럽에서는 자신과 함께 부비부비 춤을 추던 여자에게 내가 눈을 마주치며 접근하자 당황해서 양보하고 떠나는 남자까지 본 적이 있다.(나는 결코 무섭게 생기지 않았다.) 당신도 충분히 이런 남자가 될 수 있다는 사실을 기억하자!

 대부분의 남자들은 매력이면 매력, 매너면 매너 이렇게 한쪽으로만 치우쳐 있는 경우가 많다. 여자를 쉽게 대하고 능숙해서 매력은 있는데 이기적이어서 여자를 배려할 줄은 모르는 남자이거나 여자에게 너무 조심스러워서 항상 비위나 맞추려고 노심초사하기에 매력이 아예 없는 태도를 보이게 되는 남자인 것이다.

그러나 당신이 '과도하게 여자에게 잘해 주기' 전략을 버리고 여자를 놀리고 자신감 있는 유머를 보여 줘서 일단 여자가 당신을 매력 있는 남자라고 느끼게 한 이후에 여자를 보호할 줄 아는 세심함까지 보여 주게 되면 대부분의 여자는 당신에게서 헤어 나올 수가 없게 될 것이다. 그로 인해 당신은 원하는 여자를 언제든지 선택할 수 있는 남자가 될 것이다. 이것은 결코 과장이 아니다. 대부분의 여자는 자신들을 놀릴 줄 아는 당신의 매력에 빠져 철벽을 치거나 도도하게 굴지 못하고 봉인해제 되어 버릴 것이다.

사실 현실에서 이상형의 여자를 만나는 남성들 중에는 키가 작고 몸이 좋지 않으며 못생기기까지 한 남성들도 많다. 그런 남자들을 보고 순진남들은 '와 저 정도 남자도 저런 여자를 만나는데, 나는 뭐 하고 있지?' 하는 생각을 하곤 한다. 그러나 그런 대단한 외모의 여자를 지금 만나고 있는 남자라고 해서 그 남자가 매력남이라고 단정 지을 수는 없다. 나 또한 순진남 시절에 잠시나마 나의 완벽한 이상형의 섹시한 여자친구를 사귄 적이 있었다. 그러나 얼마 못 가 비참히 차였었기에 그때의 나는 순간적으로 운이 좋았을 뿐이었다고 생각한다.

나는 당신이 운 좋게 죽여주는 여자를 만나는 남자가 아니라 당신이 원하면 누구든지 만날 수 있는 매력을 갖춘 남자가 되기를 바란다.
여자가 쉽게 볼 수 없는 어려운 남자이면서 다정함마저 가지고 있는 남자를 거부할 수 있는 여자는 없다. 내가 교제했던 여성들로부터 가장 많이 들었던 소리가 "오빠는 성깔은 있는데 다정해서 너무 매력 있어"였다.

나는 사소한 일에 신경질을 부리지는 않는다. 그러나 여자가 잘못 행동하면 지적하고 화를 낼 때도 있다. (너무 지나치게는 말고) 그러면서도 항상 매너 있고 다정하게 여자를 아껴 준다. 이렇게 행동하는 남자를 거부할 수 있는 여자가 있겠는가? 이러한 성향은 타고나는 것이 결코 아니다. 내가 사려 깊고 배려심 깊은 모습을 남자다운 캐릭터 안에서 보여 줬을 때 나의 지난 여자친구들은 내게서 다른 남자들과는 다른 아우라가 보인다고 말했었다. 자~ 그렇다면 처음 보는 여자에게 말을 걸 때는 어떤 식으로 카키 앤 퍼니 스타일을 적용할 수 있을까? 일단 대화의 시작은 있는 그대로 여자를 만난 상황과 여자에 대해 받은 느낌을 얘기하면 된다.

대부분의 남자가 여자에게 처음 하는 말이 뻔한 멘트일까 봐 걱정하는 것을 안다. 그러나 뻔한 멘트라도 남자의 비언어가 뻔하지 않으면 된다. 여자는 어차피 남자가 말을 거는 순간부터 당신의 멘트를 신경 쓰는 것이 아니다. 조금만 시간이 지나도 당신이 무엇이라고 말했는지는 기억도 못 하게 되지만 처음 만난 당신의 매력적인 분위기는 여자에게 오랫동안 각인되게 될 것이다. 그리고 남자가 진정성을 가지고 여자에게 얘기하면 어떤 말도 뻔하게 느껴지지 않는다. 그러나 진심 없고 가벼운 마인드를 가진 헌팅꾼들의 멘트는 언제나 뻔하게 여겨질 수밖에 없다.

하룻밤을 같이 보낼 수 있겠다 싶은 여자에게만 다가가서 말을 거는 남자들에게서 진심 어린 바이브가 나올 수가 없는 것은 너무나 당연한 일이다. 그러니 애매한 수준의 여자에게 어프로치 하지 말고 정말 꿈에 그리던 이상형의 여자를 보았을 때만 접근하는 남자가 돼라!

ex) "저기요~ 지나가시는 거 봤는데 너무 제 이상형이셔서 or 건강미가 넘치셔서"라고 말하면 된다.

당신이 괜찮은 느낌으로 이렇게 말을 걸면 여자는 이러한 사실적인 말에도 빵 터지게 된다. 괜찮은 느낌의 남자가 나에게 말을 건 그 상황 자체가 즐거우니까 말이다.

여자랑 할 말이 없을 수는 없다

여자를 대할 때는 어려워하지 말고 공감을 이끌어 내면서 자연스럽게 대화를 하면 된다. 당신이 여자랑 할 말이 없다고 느끼는 것은 정말 할 말 자체가 없다기보다는 해당 여성에게 겁먹어서 말하기가 조심스러운 것일 뿐이다. 엄마한테 할 말이 없을 때가 있던가? (엄마도 여자다.)

당신이 어떤 여자든 엄마를 대하듯 편하게 느끼게 되기 시작하면 여자를 만날 때마다 아마 할 말이 너무 많아져서 절제하는 법을 터득해야 하는 상황에 놓이게 될 것이다. 흔히 여자랑 있을 때 말을 잘 못하는 남자들은 평소에 자기감정 같은 것을 말로 표현해 보지 않고 '그냥 힘들다. 어떻다' 이렇게 단순하게만 얘기하는 습관이 있어서 습관적으로 말

주변이 없어진 상태가 된 것이라고 볼 수 있다.

사람은 어떤 능력이든 사용하지 않으면 약해지지만 당신이 당장 말주변이 부족하더라도 자신의 감정 등을 자연스럽게 표현하는 습관을 들이다 보면 이런 점은 자동적으로 개선되어지니 걱정할 필요가 없다. (스피치 학원 따위 제발 다니지 마라!) 솔직히 사람인 이상 말을 잘하지 못할 수는 없다. 대화하는 능력은 누구에게나 주어진 능력이기 때문이다. 사람마다 말하는 스타일에 차이는 있을 수 있지만 내 여자 하나 즐겁게 해 줄 언어능력이 없는 사람은 존재하지 않는다.

사회가 MBTI니 혈액형이니 하는 틀로 당신을 규정하려는 시도에 속아 넘어가지 마라. 인간은 그렇게 특정 유형으로 분류할 수 있는 단순한 존재가 아니다. 당신이 인지적 오류에 빠져서 '나는 I야 or 나는 B형 남자야' 하고 단순하게 생각하는 것일 뿐이다.

나만 해도 외향과 내향을 정확히 동시에 가지고 있다. 그렇다면 나는 E인가 I인가… 나도 학창 시절에는 소심해서 말이 거의 없는 남자였다. 말 못 하는 벙어리냐는 소리를 들은 적도 있었다. 그런데 지금은? 나랑 헤어진 여자는 허전해서 좀처럼 견디지를 못한다. 하루 종일 떠들어 대던 존재가 없어져서이다. 30대 초반이 되면서부터는 내가 원하는 여자들과 연애를 해 왔고 그로 인해 남자로서 스스로에 대한 자부심과 자신감이 생겨서 여자 앞에서 말을 하지 말라고 해도 계속 떠들어 대게 된다. 내가 무슨 말을 하든 여자가 재밌어하고 좋아한다는 것을 알게 되었는데 어떻게 조용히 있을 수 있겠는가?

스토리텔링하는 법

나 같은 경우 낯은 좀 가리지만 대체로 사교적이고 말주변이 좋은 편이라 여자와 단둘이 있으면 신나서 함께 떠들어 대곤 한다. 그러나 당신이 아직 이렇게 하기가 어려운 성격이라면 우선 남자친구들이나 내가 편한 사람들과 있을 때의 대화 습관부터 개선시켜 나가야 한다. 일상에서 원래 말을 잘하고 내 감정표현을 솔직하게 하는 남자가 되면 여자 앞에서도 두려움만 극복하면 말을 잘하게 될 것이 아닌가? 매력적인 화법을 가진 사람이 되는 노하우를 알려 주자면,

항상 무엇이 좋으면 좋다, 싫으면 싫다를 솔직하게 표현하는 사람이 되는 게 좋다. 다른 사람을 기분 나쁘게 하는 주제가 아니라면 무언가에 대해서 좋고 싫음이 분명한 사람은 대체로 매력적인 사람으로 인식된다. 대부분의 사람은 자기 의견이 분명하지 않고 수동적인 사람이 매력적이라고 느끼는 경우가 거의 없다. 당신이 짜장면은 좋아하지만 짬뽕은 싫어하는 것은 죄가 아니다. 여자가 어떻게 생각할지 그런 것을 신경 쓰지 말고 항상 좋고 싫음을 유머러스하게 표현해라.

그리고 항상 모든 상황에서 여자를 놀릴 거리를 찾고 발견하면 앞서 알려 줬던 티징(놀리기)을 통해 장난을 걸어야 한다. 이런 식으로 대화를 하다 보면 여자와 대화가 상당히 편해지고 일상적인 대화를 나누면서도 대화가 지루하지 않게 진행되기 때문에 어떤 여자와 대화해도 대화가 물 흐르듯이 진행되게 될 것이다. 사실 여자와 대화하는 것을 어렵다고 말하는 남자들은 여자가 나에게 호감을 가지고 계속해서 질문해 오

는 상황을 잘 겪어 보지 못해서 이런 어려움을 토로하는 것이다. 내가 내 감정 표현에 솔직하고 여자를 잘 놀리는 남자가 되면 사실 자연스럽게 스토리텔링이 이루어지게 된다.

여자가 나에게 호의적이지 않은 상태에서 내가 그 상황을 인위적으로 타개해 나가려는 노력을 자주 하는 남자들이나 여자와의 대화에서 무슨 말을 해야 할지 고민하게 되는 것이다. 그러니 내가 지금까지 이 책에서 말한 방향성을 완벽히 이해한 뒤에 앞으로는 처음 본 여자에게 다가가서 대화를 진행하는 당신의 분위기와 태도를 개선시키는 것에 집중하기 바란다. 첫걸음이 어려울 뿐이지 계속해서 시도하다 보면 남녀 관계의 많은 부분들이 자연스럽게 해결될 것이다.

여자랑 스킨십하는 요령

당신이 어프로치 할 때나 여자의 번호를 받고 나서 연락을 주고받다가 둘이 만났을 때 할 수 있는 큰 실수 중 하나를 가르쳐 주자면 여자의 어깨를 툭툭 치거나 가볍게 스킨십하는 행동을 들 수 있다. 제발 이러지 마라. 정말 싼티 나 보이고 쉬운 남자로 느껴지게 된다.

그런 행동은 클럽에서는 문제없지만 처음 보는 여자와의 일상생활 속에서는 안 된다. 누군가 이렇게 행동하는데도 여자에게 인기가 많은 것은 그 행동 때문에 인기가 있는 것이 아니라 다른 부분에서 그 남자가 매력적이기 때문일 것이다. 여자와 단둘이 만나서 데이트를 할 때에 상대가 나에게 호감을 느끼는 것 같고 분위기가 달아오른다고 해서 여자를 너무 섣불리 만지거나 하는 등의 스킨십을 해서는 안 된다.

픽업을 배우고 여자를 나름 만나 봤다고 하는 남자들조차 이 사실을 모르는 경우가 굉장히 많은데 여자라는 동물은 호감이 폭발하기 전에는 너무 만져서는 안 되는 동물이다. 내게 있던 호감이 증폭되기는커녕 소멸되게 하는 행동이 바로 지나친 스킨십이다. 여자 경험이 많은 남자들은 경험적으로 알게 되는 것이 있는데 여자와 팽팽한 긴장감이 느껴지는 그런 상태에서는 외줄타기를 하듯 긴장감을 즐기고 증폭시켜야 성적인 관계로 쉽게 발전하는데 여자를 너무 만지고 스킨십을 하면 여자가 남자에 대해서 좀 쉽게 질리게 된다. 여자는 애태워야 한다는 나의 연애 방향성이 가장 잘 드러나는 부분이 바로 스킨십인 것이다.

여자가 나의 비주얼에 첫눈에 반한 그런 상황에서도 최대한 스킨십을 아끼고 가벼운 터치 정도만 남자답게 하고 만지지 않으면 여자는 애가 타게 되고 급기야 참다 참다 스킨십의 순간이 오면 금방 짜릿한 감정을 느끼게 된다. 이런 나의 말이 와닿지 않는 사람이 있다면 한번 직접 시험을 해 보길 바란다. 여자와 서로 스파크가 튀는 상황에서도 여자에게 스킨십을 하지 않는 상태로 매력적으로 남자답게 대화를 하다 보면 여자가 먼저 스킨십을 해 오고 그럴 때에는 "오빠 옆으로 와" 하고 말하면 여자가 순종적으로 벌떡 일어나서 당신 옆으로 오게 될 것이다.

키스를 할 때에도 몸을 만질 때도 모두 여자를 애태울 줄 알아야 한다. 키스하는 것에 너무 빠져서 본능적으로 마구 하지 말고 적당히 맺고 끊는 타이밍을 가져가야 한다. 당신이 아름다운 여자와 키스하다가 중간중간 끊어 주는 것만으로도 여자는 다양한 생각에 빠지게 되고 당신이 다른 남자들과 다른 남자라고 느낄 것이며 애가 타게 될 것이다.

나는 가슴이 정말 매혹적인 여자나 얼굴이 지나치게 아름다운 여자와 있을 때에도 결코 스킨십을 시도하며 들이대지는 않는다. 말로 상대를 달아오르게 하면 여자는 당신이 놀랄 정도로 적극적으로 스킨십을 해

오거나 만져 달라는 등의 말을 스스로 하게 된다. 정말 이것은 놀라울 정도로 신기한 남녀 관계의 원리 같은 것이다. 그러므로 당신은 대부분의 남자들과 다르게 눈앞에 글래머의 섹시한 썸녀가 있어도 너무 만지지 말고 절제할 수 있어야 하고 그렇게 하면 오히려 금방 더 깊은 스킨십으로 나아가게 될 것이라는 사실을 반드시 기억해야 한다.

그러니 여자와 만나서 스킨십을 하려는 데에 혈안이 되어 있지 말고 무엇보다 여자와 자연스럽게 대화를 주고받아야 한다. 처음 당신이 여자에게 말을 건 상황과 지금 나의 상황 그리고 그 여자의 상황 등을 주제로 삼고 대화를 풀어 나가면 할 말은 무진장 많을 것이다.

그렇게 여자로 하여금 "이 남자는 대화가 잘 통하는 남자야" 하고 느끼게 만들면 스킨십은 알아서 진행되게 되는 것이니 성급하게 스킨십에 집착할 필요가 없는 것이다.

남자 ×× 길이는 결코 중요하지 않다
feat. 발기력

내가 미디어를 통해서나 사회적으로 사람들에게 들어온 속설 중에서 가장 크게 틀렸다고 생각하는 것이 남자의 성기 길이가 중요하다는 인식이다. 어떠한 사람들은 여자의 가슴과 남자의 성기를 비교하기까지 한다. (남자도 가슴이 있는데 왜 굳이 이렇게 비교를 하는지는 모르겠지만) 그렇지만 실제적으로 내가 여자를 만나 보고 느낀 현실에 대해서 얘기하자면 남자의 성기 길이는 사실 하나도 중요하지 않았다. 굳이 성기 크기에 대해서 따지자면 길이보다는 굵기가 훨씬 더 중요했다. 그렇지만 본질적으로 성기의 크기는 남녀 관계에서 결코 중요한 것은 아니라고 느꼈다.

당신이 아예 삽입이 되지 않는 수준의 성기를 가졌다면 모르겠지만 (이런 상황이라면 이 책을 구입했을 리가 없다.) 정상적인 성관계를 가질 수 있는 성기를 가졌다면 크기에 대해 고민할 필요는 전혀 없다. (사실 성관계에 문제가 있을 정도로 작은 남자는 0.05%에 불과하다고 하고 이마저도 의학계의 과장된 통계일 뿐이다.)

내가 이런 말을 하면 누군가는 반대 의견을 얘기할 수도 있을 것이다. 내가 만난 여자는 남자 성기 크기를 굉장히 중요하게 생각했다고…. 물론 세상에는 다양한 사람이 있기에 모든 여자가 똑같을 수는 없다. 그렇지만 내가 말하는 것은 대다수의 정상적인 여자에 대해서 말하는 것이다. 남자의 성기 크기를 운운할 정도면 '페미녀'이거나 남자 경험이 문란하다는 소리를 들을 정도로 많은 여자라고 보면 된다. 실제로 내가 만난 여자 중에서도 그런 성향과 경험을 가진 여자들이 성기 크기를 운운했다. 그렇지만 그러한 여자들조차 성적인 만족을 누리는 데에는 크기보다는 다른 요소가 더 중요하다고 말을 했었다.

실제로 구글 검색 결과를 봐도 서양 여자들조차 남자의 성기에 대해서 검색을 하는 등의 관심을 전혀 가지지 않는 것을 알 수 있다. 우리가 여자의 생식기의 크기에 대해서 그다지 생각하지 않는 것과 같다. 속 좁은 여자를 만나면 좋다느니 그런 얘기들이 있지만 나는 속 좁은 여자를 만나면서도 성관계가 만족스럽지 못했던 적도 있다.

그러나 여자 생식기의 크기와 상관없이 여자 몸매가 내 맘에 들고 성격이 잘 맞으면 성적인 즐거움을 언제나 누릴 수 있었다. 과학적인 팩트를 중시하는 사람을 위해서도 구체적으로 알려 주자면 여성이 흥분하면 질의 폭이 남성의 페니스에 딱 맞게 변하게 되어 있으며 여성의 질이라는 곳은 분만할 때는 아기의 몸과 머리가 통과될 정도로 커졌다가 시간이 지나면 다시 원래의 크기로 작아지는 곳이다.

여성의 몸은 이리도 신비하게 지어져 있는 것이다. 이렇기에 대중들이 가지고 있는 속설을 믿고 당신의 성기 크기가 작다고 생각해서 콤플렉스를 가지거나 하는 것은 정말 어리석은 일이다. 사실 성기 크기가 중요한 것이 아니라 '발기력'이 핵심인 것이다. (발기가 안 되면 모든 것이 끝이다.)

당신이 운동을 꾸준히 하고 식단 관리를 하면 어떤 여자든 성적으로 만족시켜 줄 수 있을 것이다. 그러니 비아그라 같은 약에 현혹되지 말고 현미밥과 건강한 과일, 채소를 많이 섭취하는 식습관을 들이고 매일 러닝을 10분씩이라도 하면 성적 건강이 굉장히 좋아지고 시도 때도 없이 발기가 가능한 밤의 황제가 될 것이다.

여자가 오르가슴을 느끼도록 하는 유일한 방법

오늘날 많은 남성들이 여성의 오르가슴에 대한 이해가 상당히 부족하다. 여성이 오르가슴을 느끼게 하는 것은 '이상형의 여자와 연애하는 법'처럼 명확한 방향성이 존재하는 것이지 어떠한 특별한 비법이 따로 존재하는 것은 아니다. 일단 대부분의 남자들이 모르는 점은 여성이 오르가슴을 느끼는 데에도 남자의 매력적인 성격이 절대적인 영향력을 미친다는 점이다.

내가 30대 중반일 때 20대 초반의 글래머 여자친구를 사귀었던 적이 있었다. 그 여자친구는 나를 무척 좋아했고 나에게 연락 문제로 과도한 집착을 할 정도로 내게 매력을 느끼던 아이였다. 여자친구와 성적 관계를 맺을 때면 나의 성기가 큰 것도 아니고 하체가 굵은 것도 아니며 정력이 굉장한 것마저 아닌데도 그 여자친구의 표정만 보아도 오르가슴을 느끼고 있는 것을 알 수 있었다.

얼굴이 발그레하게 상기된 상태로 나를 그윽하게 바라보는데 그 표정을 아직도 잊을 수가 없다. 그렇게 나를 사랑해 주는 여자를 다시 만나게 된다면 절대 상처 주지 않고 그 여자만 사랑할 텐데 그때의 나는 멍청하게도 오만했었다. 뭐 아무튼 여자가 남자에게 매력을 느끼면 극도로 흥분하게 된다. 목을 깨물기도 하고 신음을 내지르고 사정을 한다. 이 책의 내용대로 당신이 여자를 다스리고 애간장 타게 만드는 남자가 되면 여자가 자동적으로 오르가슴을 느낄 것이나 침대에서 실질적으로 노력을 해야 할 부분을 추가적으로 말해 주자면, 서로 옷을 벗고 관계를 할 때 급하게 삽입하려 하지 말고 내 여자를 사랑하는 마음을 담아 온몸 곳곳을 애무해 주어야 한다.

그러려면 조금도 더럽게 느껴지지 않을 만큼 당신이 꿈에 그리던 이상형의 여자를 만나야 하고 사랑의 관계를 가질 때 온몸을 애무해 순 뒤 소중한 그곳도 정성스럽게 애무해 주어야 한다.

손과 혀를 사용해서 애무를 하면 여성의 생식기에는 미세한 신경이 극도로 몰려 있기 때문에 상당한 쾌감을 느끼게 되고 절정에 이르면 자지러지게(?) 된다. 이때에야 여성은 삽입을 받아들일 수 있는 상태가 되고 이때 삽입을 하면 아주 큰 쾌감을 느끼게 된다. 여성의 여러 신체 부위를 동시에 자극하면 다양한 오르가슴을 함께 체험하기도 하기에 질, 항문 등과 가슴을 동시다발적으로 애무해 준 뒤 여자가 준비되었을 때 삽입을 해라. 피스톤 운동을 하면서도 여러 부위를 동시에 자극해 주면 여성은 굉장한 만족감을 느끼게 된다.

이러한 테크닉과는 별개로 여성은 무엇이든 자신을 흥분시키는 것만 생각해도 오르가슴에 도달하게 되는데 오르가슴은 마음의 상태라고 생각해도 무방하다. 그렇기에 파트너에 대한 만족감이 있는 여성에게 이러한 정성스러운 애무로 시작해 성행위를 마무리하고 나서 바로 담배를 꼬나물거나(당신이 금연하길 바란다.) 돌아눕지 말고 사랑을 계속해서 표현해 주고 안아 주고 여성의 몸을 닦아 준다면….

매력적인 내 남자가 침대에서까지 이렇게 끝내주는데 과연 어떤 멍청한 여자가 한눈을 팔겠는가? 이 남자와 헤어지면 다시는 이런 남자 만나지 못할 것이라는 사실에 두려워질 것이다. 입장 바꿔 생각해 보라. 내 여자친구가 예쁘고 글래머인데 매번 관계를 가질 때마다 내 성기와 회음부를 정성스럽게 핥아 주고(오직 내 것만!!!) 사랑을 표현해 주는 사람이라면 그 여자와 헤어질 용기가 나겠는가?

당신이 매번 이렇게 정성을 담아 사랑을 나누면 침대에서 그녀를 실망시킬 일이 결코 없을 것이고 일상생활 속에서도 항상 여자의 존경을 받는 남자로 살아가게 될 것이다.

여성과의 경험을 기록해라

여자 만난 기록을 남기고 분석하면 당신은 무조건 성공한다

당신이 앞으로 마음에 드는 여자와 연락을 주고받거나 만나서 대화를 하게 되면 상대와 소통한 내용을 녹음하거나 기록하는 습관을 꼭 들였으면 좋겠다. 원하는 여자를 얻는 남자가 되는 과정은 그냥 아래와 같은 사소한 부분들에서 남들이 하지 않는 노력을 하는 것이다.

1. 여성과의 통화를 녹음해서 들어 봐라! (자동 녹음 추천)
2. 여성과 만나서 대화한 것을 녹음해서 들어 봐라!
3. 여성과 주고받은 카톡 대화를 백업해 두고 피드백해라!
4. 카톡 프로필 사진은 여성들에게 좋은 평가를 받았던 것들로만 심플하게 꾸며 놔라!

프로필 사진을 분위기 있는 곳에서 느낌 있게 찍은 사진으로만 해 놓아도 여자가 당신의 프로필을 볼 때마다 당신을 매력적으로 인지하게 된다. 여자와 초반에 알아 가는 과정에서는 실제로 얼굴을 보는 것보다 사진으로 상대를 인지하는 과정이 더 자주 발생하기에 프로필 사진은 내가 보기에 잘생겨 보이는 사진이 아니라 대부분의 여성들이 멋지게 보는 사진을 해 놓아야 한다.

찐따남들은 자신의 이목구비에 지나치게 집착해서 남들이 볼 때 기괴해 보이는 사진을 프사로 사용하곤 한다. 이목구비가 뚜렷하게 나오는 사진에 집착하다 보니 자신의 얼굴이 빵떡처럼 보이는 사진임에도 그러한 사진을 프사로 걸어 놓고는 만족스러워하고 있는 것이다.

프로필 사진 같은 경우 얼굴이 크게 나온 사진을 제발 올리지 말고 전체적인 비주얼을 볼 수 있는 사진이나 몸이 좋아 보이는 느낌의 사진을 해 놓으면 좋다. 온몸을 노출한 바디프로필 사진 같은 것을 해 놓으면 몸을 공개하지 못해 안달이 난 남자처럼 보일 수 있으니 몸에 달라붙는 트레이닝복을 입고 있는 사진 정도로 설정해 놓는 것이 적합할 것이다.

웃통을 벗은 사진을 프로필로 해 놓으면 여성들에게 어떠한 신비감도 줄 수 없다는 사실을 기억하자. 어차피 당신이 매력 있는 남자가 된다면 여자에게 벗은 몸을 보여 줄 기회가 많으니 아쉬워하지 않아도 된다.

메타인지는 자기성찰 능력

내가 여성들과 소통한 기록을 관리하고 그것에 대해 셀프 피드백을 하라고 하는 이유는 너무나 분명하다. 자기 자신을 객관적으로 들여다봐서 비매력적인 요소들을 제거하기 위해서다. 사실 우리는 매력적인 남자가 되기 위해 매력적인 행동들을 인위적으로 만들어 내는 것에 앞서서 비매력적인 행동들을 제거하기만 해도 매력적인 남자가 될 수 있다. 여성과의 기록을 들여다보는 것은 전혀 힘든 일이 아니며 당신이 이러한 것들을 습관화시킨다면 얼마든지 재미있게 할 수 있는 일이다.

'메타인지'라는 것은 자신의 생각을 들여다볼 수 있는 능력을 말하는데 사람들은 객관적으로 자신을 성찰하기보다는 감정적이고 자기방어적으로 생각할 때가 많다. 그러나 당신이 스스로를 객관적으로 들여다보고 나의 어떠한 점이 이성 관계에서 남성적인 매력을 떨어뜨리는지 발견해 나갈 수 있다면 이성 관계에서의 성공은 어렵지 않게 실현될 것이다.

자기 목소리를 녹음해서 들어 봐라

앞서 말한 내용들 중에 자기 목소리를 녹음해서 들어 보는 것의 중요성을 간과하는 남자가 많다. 여자랑 전화 통화를 어려워하는 찐따남들도 상당히 많은 것으로 알고 있는데 여자랑 통화하는 자신의 목소리에 대해 피드백을 하고 싶으면 휴대폰에 통화 녹음이 자동으로 되게끔 설정해 놓는 것이 좋다.(아이폰은 어플 활용) 겨우 이런 노력을 하느냐 하지 않느냐로 여자에게 매력적인 남자로 살 수도 있고 시간이 지나도 아무 변화 없는 찐따남으로 남게 될 수도 있다.

여자랑 대화한 것을 녹음한 것이나 통화 녹음을 들어 보면 평소에 내가 얼마나 바보같이 말하는지 내 말투가 얼마나 매력 없고 경박한지 등등을 느낄 수 있고 처음에는 내 목소리를 듣는 것이 굉장히 거북할 수도 있을 것이다. 실제로 찐따들은 자기 목소리 듣는 것이 너무 거북해서 이런 피드백을 하지 않으려 한다. 나도 처음에는 굉장히 내 목소리가 싫고 거북했다. 그러나 자기 자신을 들여다보는 데 현대 과학기술의 혜택을 사용하는 사람은 성공을 위한 세월을 기하급수적으로 줄일 수 있다. 요즘에는 '볼펜 모양으로 생긴 녹음기'도 있고 일상 속에서 휴대폰과 상관없이 나의 목소리를 녹음해서 들어 볼 수 있는 제품들을 저렴하게 구입할 수 있으니 필요하면 활용하길 바라고 굳이 따로 구입하지 않아도 휴대폰 녹음 기능만으로도 충분히 나의 목소리와 분위기를 개선할 수 있을 것이다.

자신을 성장시키려는 최소한의 의지만 있다면 무엇이든지 편리하게 활용할 수 있는 시대다. 여건이 안 되어서 무엇을 할 수 없었다고 도저히 핑계 댈 수가 없는 시대를 살고 있는 것이다. 그러나 아이러니하게도 이런 기능을 활용하는 사람은 거의 없다. 남들에게 연애를 위해서 이러한 노력을 하고 있다고 절대 말해서는 안 되지만 혼자서 조용히 이러한 노력들을 해 나가라.

나는 무슨 일이든 많은 시간을 들여서 노력하는 것보다 적은 시간이라도 스스로 성찰하며 애쓰는 그 시간이 사람을 성장시킨다고 믿는다. 이것을 자기계발서 작가들은 '의도적 연습'이라고 칭하더라. 실제로 내가 매력 있는 남자가 되기 위해 했던 노력도 무슨 대단한 노력을 했다거나 하루 몇 시간씩 들여서 노력한 것이 아니라 그냥 변화하는 나 자신을 보는 것이 즐거워서 꾸준히 무언가를 하다 보니 어느 날 여자에게 강한 매력을 전달하는 남자가 되어 있었다.

과거 내 목소리가 별로라는 얘길 들었던 적이 있었고 "내 목소리가 그렇게 이상한가?"라는 고민이 들어 목소리를 녹음해서 들어 보았고 남자답지 못하고 이상하다고 느껴졌기에 바꾸기 위해 인지하기 시작했고 목소리 자체는 사람마다 고유의 목소리가 가져다주는 개성과 매력이 있으니 인위적으로 바꾸려 한 것이 아니라 가볍게 느껴지는 '내시 같은 목소리'를 내지 않고 항상 여유 있게 남자답게 얘기하려고 애쓰다 보니 훨씬 더 나은 느낌으로 말하는 남자가 될 수 있었다.

실제로 목소리 자체가 비호감인 남자는 그리 많지 않다. 단지 남자답지 못한 성향과 조급함과 경박함에서 급하게 내는 목소리가 당신을 매력 없게 만들고 있을 뿐이다. 지금 현재 당신의 매력 없는 목소리나 찌질한 모습이 스스로의 고유한 모습이라고 착각할 수 있으나 변화된 모습이 당신의 일부가 되게 만들면 그것 또한 당신의 모습이 되는 것이다.

당신이 많은 여자를 만난다고 해서 자동적으로 매력적인 남자가 되는 것이 아니라 단 몇 명을 만나더라도 의도적으로 자기 자신을 매력적으로 발전시키려고 애쓰고 피드백해야 매력적인 남자가 될 수 있다는 것을 기억해야 한다.

바보처럼 저급하게 웃지 마라

내 지인 중에 웃을 때 반경 50미터 안에 있는 사람은 깜짝 놀라서 얼어붙을 정도로 크게 웃는 친구가 있었다. 그것도 아주 경박하게, 그렇게 웃으면 같이 있는 사람도 더불어 수치심을 느끼게 된다. 만약 당신이 그렇게 웃는 남자라면 여자는 당신과 사귀게 되면 이런 수치심을 자주 느껴야 될 것이라고 예상할 수 있기에 당신과 절대로 사귀지 않을 것이다. 당신이 그렇게 웃는 사람이 아니길 바란다. 제발 바보처럼 웃지 마라! '하이톤으로 돌고래' 같은 소리를 내면서 웃지 말라는 것이다! 웃긴 상황에서도 남자답게 절제된 웃음을 가져라.

   소름 끼칠 정도로 경박하게 웃는 내 지인이 자신의 웃는 소리를 단 한 번이라도 녹음해서 들어 봤다면 마음에 드는 여자 앞에서 다시는 그렇게 웃지 않게 되었을 것이다. 웃는 목소리까지 신경 쓰는 것이 너무 인위적으로 노력하는 거 아닌가 하는 반감을 가지기보다 당신이 저급한 사람이 아니라면 인생에서 낄낄대며 웃을 일은 많지 않을 것이기에 안 좋은 습관을 고친다고 생각하길 바란다. 웃음은 좋은 것이지만 멋진 남자라면 그것에도 반드시 '절제'가 있어야 한다.

팔자 걸음걸이 절대 안 된다

   100미터 떨어진 곳에서도 당신이 어기적어기적 걸어오는 모습을 보고 친구가 당신인 줄 한눈에 알아볼 수 있다면 제발 걸음걸이를 바꿔라! 이상하게도 찐따들은 이러한 것이 여자를 만나는 데에 아무런 상관이 없는 줄 안다. 걸음걸이가 이상한 여자가 매력적이라고 느낀 적이 있는가? 매력적인 여자는 팔자로 걷거나 이상하게 걷지 않는다. (여자는 상관없을 수도 있으나 당신은 아니다.)

   당신이 '팔자로 걷거나 어기적어기적' 걷는 것은 아닌지 친구에게 걸어가는 뒷모습을 찍어 달라고 하고 이상하다면 반드시 고쳐야 한다. 또한 구부정하게 허리를 숙이고 생활하는 습관은 허리 디스크를 가져오고 심하면 목 디스크를 가져온다. 또한 다리를 팔자로 벌리고 걸으면 다리 근육이 늘어지게 된다.

제발 이런 생활 습관들이 연애와는 상관없는 것이 아니라 당신이 '자신에게 어울리는 진짜 남자인지 항상 평가할 수밖에 없는 입장에 있는 여자들'에게는 사소해 보이는 것들도 중요하다는 사실을 깨닫고 꼭 고쳐 나가기 바란다.

배우들을 따라 해라

주변에 여자한테 인기가 많고 매력적인 남자가 없다면 우리는 남자 배우들을 참고할 수 있다. 그들은 아름다운 여자들에게도 무척이나 인기 있는 남자들이다. 배우들은 항상 자신의 모습을 '모니터링'하기 때문에 상당히 배울 점이 많다. (당신이 실천해야 할 모습) 자신이 어떻게 웃는지, 어떤 목소리를 가지고 있는지 어떤 걸음걸이인지 등등 배우들은 자기 자신에 대해서 아주 잘 아는 사람들이다.

그래서 아주 매력적이다. 대중에게 인기를 얻으려면 어떻게 해야 하는지 가장 잘 아는 사람들인 것이다. 우리는 이들보다 나은 스승을 만날 수 없다. 그리고 연예인들은 대중적으로 인기가 있어야 하는 직업이기에 우리가 연예인과 비슷한 느낌이 나는 남자가 되면 당연히 확률적으로도 사회에서 여자에게 인기가 있을 수밖에 없을 것이다. 그러나 당신이 나이가 어리다고 할지라도 남자 아이돌의 모습은 따라 하지 않기를 바란다.

아이돌은 특정 나이대의 여자들을 집중적으로 공략하기 위한 콘셉트라고 생각하면 된다. 예쁘고 섹시한 여자들은 아이돌 같은 남자 외모에 그다지 성적 매력을 느끼지 않는다. 나이가 30대가 넘었는데도 아이돌 같은 옷차림을 하고 자기 개성이 너무 심하게 두드러지는 옷을 입은 남자가 멋지다고 생각하게 되는 경우가 얼마나 있는가? 찐따남들은 자아에 너무 도취된 나머지 화려한 옷을 입고 싶어 하는 욕구가 강한 경우가 많다. 그러나 하고 싶은 대로만 하는 사람은 이 사회에서 좋은 것을 얻기가 힘들다.

만약 당신이 길거리에서 소리를 지르고 싶은 상황에 놓였다고 해서 무작정 소리를 지르게 되면 정신이 이상한 사람 취급을 받게 되는 것은 너무 당연한 결과이지 않은가? 마찬가지로 옷을 단정하면서도 멋있게 입는 것이 아니라 화려하고 튀는 옷을 입으면 소수의 여자는 개의치 않겠지만 대다수의 여자는 같이 다니기 쪽팔린다고 생각할 수도 있을 것이다. 특히 30대가 넘었는데 상의와 하의 그리고 신발, 벨트 등이 전혀 호환되지 않는 스타일로 옷을 입는 남자들을 도저히 이해할 수가 없다.

그러니 당신이 특별히 개성 있는 옷차림만이 어울리는 체형이 아니라면 멋진 남자 배우들의 옷차림을 참고하길 바란다. 무조건 똑같이 입으라는 것이 아니라 어차피 남자 옷은 다 거기서 거기이기 때문에 셔츠에 니트, 티에 가디건 + 슬랙스 바지 등 멋진 스타일은 뻔하지 않은가? 만약 당신이 개성 있는 스타일을 원한다면 개성 있는 배우들의 옷차림을 따라 하면 될 것이다.

어떻게 옷을 입어야 깔끔하고 멋진지 남자 배우들의 옷차림을 참고해서 충분히 내 패션을 세련되게 향상시킬 수 있다. 또한, 헤어스타일 역시 멋진 스타일은 전부 남자 연예인들로 인해서 시작되곤 한다. 연예인들에게 우리가 얻을 수 있는 건 이런 것들이 되어야 한다. 아줌마처럼 파마해 놓고 관리 안 하는 그런 스타일은 제발 좀 피하고 자신의 두상에 어울리는 헤어스타일을 꼭 찾아 나가도록 하자! 과거 나의 얼굴형과 이미지에 어울리지도 않는 상남자 스타일의 헤어스타일을 했을 때는 길거리에서 나를 유심히 쳐다보는 여자가 단 한 명도 없었다.

그러나 나에게 가장 어울리는 헤어스타일을 했을 때는 길거리에서 나를 쳐다보는 여자들이 상당히 많아지는 것을 느낄 수 있었기에 '남자는 머리빨'이라는 말이 괜히 있는 것이 아님을 알게 되었었다. 여자도 남자를 처음 보았을 때는 우리처럼 시각적인 것에 큰 영향을 받게 되는 것이다. 똑같은 이목구비도 헤어스타일에 따라서 '존잘'로 보여질 수도 있고 '찐따남'으로 보여질 수도 있다. 그렇기에 당신이 머리 만지는 것을 귀찮다고 생각해서는 맘에 드는 여자 만나기가 쉽지는 않을 것이다. 그러나 당신이 옷차림이나 헤어스타일 그리고 분위기에서 공유나 박서준, 소지섭 같은 남자 배우들과 같은 바이브를(이목구비 말고) 풍길 수 있다면 현실에서 못 만날 여자가 없어질 것이다.

우리 사회의 대다수는 연예인에 상당한 관심을 가지고 있으면서도 이 멋진 남자 배우들을 따라 하지는 않는다. 그냥 그들의 잘생긴 이목구비에만 집중할 뿐 그들의 멋진 비언어적인 모습이 가지는 매력을 이해하는 남자 또한 거의 없다. 그들이 여자에게 인기가 많은 이유는 단순히 잘생기기만 해서가 아니라 옷을 멋지게 입고 멋지게 걷고 멋진 보디랭귀지를 보이며 차분한 목소리로 남자답고 유머러스하게 얘기하기 때문임을 잊지 말자.

단점을 지적해 주는 지인은 고마운 귀인

자존감이 낮은 남자들은 걸음걸이나 외모에 관련된 지적을 받는 것에 민감하게 반응하곤 한다. 그러나 백번 양보해서 여자 앞에서 바보처럼 보이는 것보다 지인에게 자존심 상하는 지적을 당하는 것이 훨씬 낫다. 지적해 주는 상대를 정말 고맙게 생각해야 하는 것이다. 내가 원하는 여자를 만날 수 있도록 내 스스로 인지하지 못하는 나의 '비매력적인 요소'를 알려 주는 존재는 정말 천사 같은 존재다. 그리고 자신의 단점을 정직하게 마주하고 고쳐 나갈 수 있는 남자가 진정 멋진 남자다.

앞으로는 누군가 당신의 외모에 대해서 지적을 하면 그것이 개선할 수 있는 부분이라면 마음속에 새겨 놨다가 반드시 개선해 나가기 바란다. 외모 지적을 받는 것은 결코 유쾌한 일은 아니지만… 어쨌든 내 입장에서는 나에게 지적을 한 그 얼간이가 중요한 것이 아니고 내가 좀 더 발전할 수 있는 기회를 얻을 수 있게 되는 것이니 얼마나 감사한 일인가? 당신이 원하는 여자를 얻는 남자로 성장하기 위해서는 소크라테스가 한 말처럼 당신 자신을 잘 알아야 한다.

얼마나 많은 남자들이 자신에 대해 실제 모습보다 훨씬 더 잘생기고 매력이 있는 것처럼 착각하며 살아가는지 모른다. 그러나 이러한 근거

없는 자신감은 연애에 아무런 도움이 되지 못한다. 자신감이라는 것은 진실을 믿을 때에만 올바른 태도로 표출되기 때문이다.

메타인지의 중요성

지금부터 내가 하는 얘기는 굉장히 중요한 부분이니 특별히 집중해서 읽기를 바란다. 당신이 실제로 잘생긴 외모가 아닌데도 스스로 엄청 잘생긴 것처럼 착각을 하고 살아간다고 해서 여자들에게 매력적으로 느껴지게 되는 것은 결코 아니다. 나의 경우도 잘생겼다는 얘기를 간혹 듣기는 하지만 솔직히 정말 못생긴 남자가 아니면 잘생겼다는 얘기는 누구나 종종 듣고 살아갈 것이다. 그럼에도 나는 과거에 내가 매우 잘생기기라도 한 것처럼 착각하고 살아가던 때가 있었다.

아니, 어쩌면 그렇게 믿고 싶었는지도 모르겠다. 그렇지만 그런 생각을 가지고 있다가 한 번씩 영상으로 내 얼굴을 보게 되거나 했을 때는 내 생각보다 내가 너무 못생겨 보여서 충격을 받게 되곤 했었다. 그렇다. 나는 나 자신을 있는 그대로 사랑하지 않고 내가 만든 이미지가 나 자신인 것처럼 생각하고 있었던 것이다. 사실 사람이 자기 얼굴을 거울로 들여다보는 것과 다른 사람이 내 얼굴을 볼 때의 모습조차 달라서 요즘에는 자기 본얼굴을 느끼게 해 주는 거울까지 판매된다고 한다. 그렇지만 자기 자신을 정확히 객관적으로 파악하고 있는 사람은 여전히 거의 없다고 느낀다. 그렇기에 대부분의 사람들처럼 당신이 아무리 자기 자신에 대해서 과대평가하고 있다고 해도 정작 당신의 무의식은 진실을 알고 있다는 것이 문제이다.

당신이 자신의 고유한 캐릭터와 당신만의 개성을 매력의 근원으로 삼지 않고 스스로 아주 잘생긴 것처럼 착각하며 근자감을 가지려고 아무리 노력해 봤자 당신의 무의식은 당신이 그 정도로 잘생기지 않았다는 것을 알기 때문에(외모뿐만 아니라 그 어떤 부분이라도 마찬가지다.) 원하는 여자 앞에서 멋진 태도를 보이기가 쉽지 않을 것이다.

당신의 의식은 "내가 제일 잘생겼어"라고 주장을 하나 무의식은 "나는 형편없어"라고 말하며 의식과 무의식이 충돌하게 되는데 이와 같은 경우에는 언제나 무의식이 승리하게 된다. 그 결과 당신의 태도는 여자 앞에서 자동적으로 얼간이 같은 모습으로 표출되게 되는 것이다. 진실과 내 의식적 믿음 사이에 간극 때문에 이러한 일이 발생하게 되는 것이다. 그러므로 앞으로 당신은 자신에 대한 진실만을 믿어야 한다.

ex) 내가 세상에서 제일 잘생겼어! (거짓)

ex) 나는 나만의 매력을 가지고 있고 그건 누구도 가질 수 없는 매력이야. (진실)

남녀 관계에 대한 진정한 메타인지는 당신의 뒷머리를 확인할 때 거울로 뒷머리를 비추어서 정확히 당신이 어떤 헤어스타일인지 보는 것처럼 해야 하는 것이다. 그렇게 자신을 있는 그대로 들여다보고 그 모습 그대로를 수용하고 사랑하며 개선할 수 있는 부분은 개선해 나가야 한다. 내 본래 모습을 인정하지 않고 내가 잘생기고 완벽한 것처럼 아무리 자기합리화를 해 봤자 당신의 자신감은 결코 견고해지지 못하기 때문이다.

그러나 있는 그대로의 당신 자신을 받아들이고 당신의 고유한 캐릭터와 개성에 집중하면 당신은 엄청난 매력남이 될 수 있게 된다. 남과 비교하지 말고 당신 '자신이 될 수 있는 최고 버전'이 되라는 것이다.

무의식을 바꿔 버리면 결과는 자동으로 이루어진다

앞서 의식과 무의식에 대해서 언급했는데 많은 사람들이 무의식이라는 것에 대해서 너무나 간과하며 살고 있다. 무의식이라는 것은 당신이 무엇을 믿는가에 대한 부분이다. 사람은 믿음대로 된다는 얘기를 정말 많이 들어 보았을 것이다. 내가 아무리 의식적으로 어떠한 부분을 개선시키기 위해 노력을 해도 무의식이 당신 자신에 대해서 부정적인 믿음을 가지고 있다면 의식적 노력은 거의 효과를 발휘하지 못할 것이다.

예로 들어 픽업아티스트의 코치를 받고 길거리에서 여자들에게 수없이 어프로치를 하는 픽업남들을 내가 실제로 만나 보니 그중에 정말 매력적이고 멋져 보이는 남자는 존재하지 않았다. 인터넷 커뮤니티에서는 마치 세상 어떤 여자라도 유혹할 수 있는 것처럼 떠벌리고 다니는 남자들을 실제로 만나 보니 오히려 내게 조언을 구해 오는 수준이었던 것이다.

픽업 업체에서 강사로 일하는 사람들도 다르지 않다. 그냥 과거의 나처럼 여자 못 만나는 찐따로 살다가 여자랑 원나잇 좀 해 보고 돈 냄새를 맡게 돼서 순진남들에게 여자 꼬시는 것 좀 가르쳐서 편하게 돈을 벌어 보려고 하는 사람이 대부분이다. 이들은 그렇게도 여성에 대해서 성공하고 성장하고 싶어 하는 사람들인데 왜 이렇게 매력이 부족해 보이는 것일까?

그 이유는 바로 찌질하게 길거리를 돌아다니며 여자 번호나 수집하며 살아가기 때문이라고 생각한다. 하루 종일 여자 꼬셔서 모텔 갈 생각만 하고 원나잇에 성공하면 카페에 자랑하는 그런 삶을 사는데 스스로의 무의식에 어떤 믿음이 새겨지겠는가?

물론 여자 앞에서 벌벌 떨고 눈도 못 마주치던 과거보다는 여성에 대해 훨씬 능숙해지고 자신감이 붙었겠지만 그런 라이프 스타일로는 자신의 무의식에 나는 '진짜 매력 있는 멋진 남자다'라는 인식이 새겨지기는 쉽지 않을 것이다. 그러므로 당신은 이 책의 내용처럼 픽업에 몰입하지 말고 내가 그랬던 것처럼 내가 내 인생을 책임지는 남자가 될 수 있게 나의 비즈니스에 최선을 다하고 운동과 식습관 관리를 통해 멋진 비주얼을 완성해 나가며 머리끝부터 발끝까지 깔끔하고 단정하게 꾸미고 살아가는 도중에 너무나 마음에 드는 이상형의 여자를 볼 때에만 어프로치를 해야 한다.

당신이 이와 같이 살아간다면 어떤 여자 앞에서도 자신감이 없을 수가 없는 상태가 될 것이다. 앞서 노팹의 중요성에 대해 얘기했던 것도 이러한 맥락인 것이다. 당신이 아무도 없을 때 집에서 남이 성관계한 영상이나 보면서 짐승처럼 행동하는데 당신 스스로의 무의식에 어떤 믿음이 새겨지겠는가?

그리고 과연 그 무의식 상태는 당신이 꿈에 그리던 여자를 우연히 마주친 순간 당신에게 남자답게 말 걸 용기를 주겠는가?

대부분의 남자들의
행동 패턴을 벗어나라!

소셜에서 여자 만나려고 집착하지 마라!

 모임에 나가거나 클럽, 헌팅 포차 등에 가서 여자를 갈구하는 것은 대부분의 남자들이 하는 행동이다. 그런 헌팅 장소들은 경쟁도 너무 심하고 여자들의 쉴드만 엄청나게 올라가 있다. 무릎을 꿇고 자세를 낮추어서 매너 있는 분위기로 "저기 너무 예쁘셔서 그런데 저희랑 같이 술 한 잔하실래요?"라는 뻔한 멘트를 칠 때 여자는 당신의 말이 채 끝나기도 전에 거절을 표시한다.

 더군다나 현실에서 정말 예쁘고 몸매가 좋은 고급스러운 여자들은 쇼핑몰에서는 자주 보이지만 싸구려 헌팅 포차나 클럽에는 잘 등장하지 않는다. 즉 쉴드가 강한 여자들은 그다지 대단하지도 않은 외모로 눈만 높아진 여자들이라는 것이다. 사실 압도적인 매력을 갖춘 여자들은 교회도 다니지 않고 모임에도 나가지 않으며 헌팅 포차나 클럽 같은 곳에서는 보기가 힘들다. 강남 클럽 같은 곳에는 엄청난 외모의 여자들이 많지만 그들 중 다수는 텐프로와 같은 업소녀이고 정말 아름답고 매력 있는 여자들은 자기 일에 바쁘기도 하고 멋진 남자친구와의 데이트를 소중하게 생각하기에 클럽 같은 곳은 자주 오지 않는다. (물론 소수의 예외는 있다는 것을 감안해야 한다.)

더군다나 여자의 외모가 보편적으로 절정에 이르는 것은 20대 중후반인데 20대 초반 여자애들이 클럽에 자주 가고 가장 아름다운 나이대의 여성들은 자기 생활에 충실하기 때문에 이성을 만날 목적으로 모인 그런 장소에서는 좀처럼 만나기가 힘든 것이 사실이다.

그런데도 대부분의 남자들은 이렇게 남들이 다 시도하는 장소에만 간다. 모임에 가입하고 클럽에 가고 헌팅 포차에 간다. 그렇게 하는 것이 가장 쉽게 느껴지기 때문이다. 특히나 30대 이후로는 '소모임'과 같은 앱을 통해 사교모임에 나가곤 하는데 앞서 언급했듯이 경험상 술을 주로 마시는 그런 모임에서는 제정신인 여자애들을 찾아보기가 정말 힘들다.

냉정히 말해서 시장가치가 현격히 떨어지고 경제관념도 거의 없는 상태로 노는 것만 좋아하는 여자애들이 대부분이라 어울려 놀 때는 재밌을지 몰라도 반려자를 찾는 목적에는 정말 최악인 곳이다. 더군다나 여자 모임장과 여자 운영진이 가득한 곳들 중에서는 키 180cm 이상이 아니면 가입조차 받지 않고 직업도 안정적인 직업이 아니면 강퇴를 시키는 등의 미친 짓을 하는 곳도 적잖이 있다. (나도 강퇴당해 봤다…. 내가 사회적으로 인정받는 직업을 가진 것이 아니어서일 듯하다.)

나와 연인 관계이면서 다른 남자와도 스킨십을 편하게 하는 여자나 안정적인 직장의 남자를 만나 설거지를 하려 하는 그런 값싼 마인드의 여자를 만날 생각이면 상관없지만 나와 아름답고 지조 있게 연애할 상대를 찾는다면 모임 같은 곳은 취미가 같은 사람들끼리 어울리는 용도로만 활용하자. (극단적으로 경험이 없는 남자가 여자와의 대화를 연습하기 위해 참여하는 것은 나쁘지 않다.)

여자를 만나기 위해서는 남들이 잘 하지 못하는 행동인 일상적인 장소에서 일상을 살아가는 이상형의 여자에게 말을 거는 방식을 추천한다. 이 경우 여자들은 나를 용감하고 자신감 있는 남자로 볼 것이고 밤에 술집에서 말 거는 것과 비교해서 훨씬 더 진정성을 전달할 수 있게 된다.

물론 같은 소셜 안에서 자연스레 만나는 것과 비교하면 초반에 신뢰를 주기에는 너무 힘든 방식인 것도 사실이나 당신이 매력만 넘친다면 여자는 신뢰보다는 매력에 반응하게 되어 있다. 길거리에서 여자에게 말 거는 것은 사실 일반적인 남성들에게 쉽지는 않은 행동이긴 하지만 헬스장 같은 곳이라면 또 얘기가 달라진다.

자기가 다니는 헬스장의 여자 트레이너가 너무 맘에 든다면 마주칠 때마다 자연스럽게 인사를 하고 상황에 들어맞는 말을(고객이 직원에게 물어볼 수 있는 말들) 통해 대화를 시도하면 된다. 그런 식으로 접근하면 고객을 대해야 하는 트레이너 입장에서는 친절히 응대하게 되고 편하게 어울리는 관계로 발전하는 것까지는 어렵지 않을 것이다. 운동이라는 공통분모가 있으니 쉽게 친해져서 같이 등산도 가고 술자리도 함께하도록 자연스럽게 만들 수 있다.

그러니 호구처럼 초반에 호감을 티 내거나 먹을 것을 막 부담스럽게 챙겨 주는 등의 행동만 하지 않으면 된다. 당신이 여자에게 초반에 보여 주어야 할 것은 '오로지 매력'이다. 또한 길거리에서 원하는 이상형에게 말을 걸어 보는 것도 처음에는 굉장히 두렵게 느껴질 수 있으나 막상 시도하고 나면 생각보다 어려운 일이 아니라는 사실을 깨닫게 된다.

일상을 열심히 살아가는 도중에 길에서 우연히 마주친 그녀가 너무나 글래머러스한 내 이상형이라면 남자답게 불러 세우고 매너 있고 진정성 있는 말투로 너무 맘에 들어서 말 걸었다고 얘기하는 것이다. 남자친구 있다고 하면 한발 물러나 남자친구 있는 분께 연락하면 실례이니 카톡 아이디만 간직하겠다고 '위트 있게' 말해라! (그래도 싫다고 하면 매너 있게 그냥 가던 길 가라!)

"팬으로 알고 지내고 싶다" 등의 드립을 남자다운 바이브로 치게 되면 보통 대다수의 여자는 웃으면서 SNS 아이디라도 알려 줄 것이다. 썸남 있다고 거절하면 "아직 사귀는 것도 아닌데 보험 하나 들어 두라고" 제안해라! 그러면 웃으면서 번호를 주는 경우가 많다.

실제로 대단한 황금 멘트 같은 건 세상에 없고 이런 상식적인 드립으로 거절을 컨트롤하고 원하는 여자의 번호를 받을 수 있다.

요즘은 여성들의 쉴드가 높아져서 길에서 번호를 물어보는 것을 싫어한다고 말하는 찐따남들이 있다. 그건 그러한 찐따들이 진정성이 하나도 느껴지지 않는 가벼운 바이브를 풍기는 매력없는 남자들이라서 그

롷다. 시대가 어떻게 흘러가던지 당신이 진정성과 매력만 가지고 있으면 아무것도 문제가 될 수 없다. 매력이라는 것은 굉장히 강력한 것이기 때문이다.

어프로치에 대한 자세한 내용은 책 뒤편에서 다시 가르쳐 주겠다.

찐따들과 어울리지 마라

또 한 가지 매력적인 여자를 만나고 싶은 남자가 명심해야 할 사실이 있는데 함께 어울리는 남자들 중에 찐따가 있으면 나도 좋지 못한 영향을 받는다는 사실이다. 어릴 적 어머니 친구분께서 내게 친구를 가려 사귀어야 한다고 말씀하셨을 때 나는 '사람을 가려 사귀는 것은 나쁜 것이 아닌가?' 하는 어리석은 생각을 했었다.

그러나 살면서 친구를 잘못 사귄 대가로 경찰서에 가서 조사도 받아보고 어마어마한 액수의 돈을 날린 적도 있으며 원하는 여자와의 연애에 실패하게 된 적도 있었다. 이러한 직접적인 피해를 끼치지 않더라도 주변에 찐따남들이 있으면 이상형과 연애를 하는 데에 상당한 방해가 된다. 왜냐하면 사람은 끼리끼리 어울리는 동물이고 어울리다 보면 반드시 상대방의 영향을 받게 되기 때문이다.

매번 노력은 하지 않고 '여자 외모 품평'이나 하는 찐따남들이랑 어울려서 내가 어떤 동기부여를 받을 수 있겠는가? 게다가 그들과 함께 핫플에 가거나 하면 항상 그 찐따들로 인해서 내 가치가 떨어져 보이게 된다. 실제로 내 주변에는 내가 찐따였기 때문인지 찐따 스타일의 지인들이 많았는데 그들과 어울린 30여 년 동안 나는 마음에 드는 여자친구를 제대로 사귄 적이 단 한 번도 없었다. 그러나 나보다 매력이 있고 여자를 잘 대하며 자기 일에 충실한 동생들과 어울리기 시작하면서부터는 나도 만나는 여자가 끊이지 않는 라이프 스타일을 갖추게 되었었다.

냉정하게 들릴 수 있지만 청춘의 소중한 시기에 찐따들과 어울리는 것은 내 인생에 상당한 피해를 가져오게 된다. 그들은 자신이 찐따인 것을 인정하지 않고 노력이라고는 하지 않는 게으르고 한심한 부류이기 때문이다. 당신은 청춘의 소중한 시기에 절대로! 찐따들과 어울려서는 안 된다. 그들의 성격이 순하고 나쁜 사람이 아니라고 해서 굳이 친하게 지내야 할 이유는 없다.

찐따들은 너무나 게으르기 때문에 매번 밥상을 차려 줘도 숟가락으로 떠먹는 것조차 귀찮아한다. 그러면서 언제나 내가 멋진 여자친구를 사귀면 여자를 소개받고 싶어 한다. (소개받는다고 사귈 수 있는 것은 아닐 텐데도) 내가 그랬던 것처럼 당신이 그들의 찐따 바이러스에 감염될까 봐 걱정된다. 다시 한번 강조하지만 찐따들은 당신의 인생에서 반드시 몰아내야 한다.

나쁜 남자가 대세? 섬세한 것도 매력이다

찐따남들을 보면 섬세함이 너무 부족하다. 예로 들어 지하철에 앉아 있다가 다른 사람이 옆자리에 앉으면 상대가 불편할 것을 생각해서 미리 조금 이동을 해 준다든지 다리 꼰 것을 내려 준다든지 해야 하는데 상대방을 인식하고 배려하는 모습이 너무 부족하다. 기차를 탈 때면 의자를 최대한으로 뒤로 제치고 자는 남자도 보게 된다. 그런 사람들 중에 이성에게 매력적으로 보일 만한 사람을 본 적이 있는가?

 남자들 사이에서도 배려심이 없고 센스가 없는데 남자보다 훨씬 감성적이고 민감한 여자를 어떻게 만족시켜 줄 수 있겠는가? 사람은 순해 보이는데 상대방이 어떻게 느낄지 세심하고 예민하게 캐치하는 능력이 현저히 떨어지는 남자들이 한국 사회에 너무 많다. 그래 가지고는 절대 여자에게 매력적으로 보일 수가 없다. 이런 남자들은 여자에게 호의와 친절을 베풀 때도 부담스럽게 깜빡이 없이 '훅' 들어갈 것이 불 보듯 뻔하다. 대부분의 남자가 매력이 부족한 이유 중 하나를 꼽자면 지나치게 세심하지 못한 성향을 들 수 있다.

 남자다움과 함께 세심함을 조금은 가지고 있어야 상대가 불편한 것은 없는지 상대에게 내 배려가 부족한 것은 아닌지 알 수 있다. 남자다운 모습으로도 배려는 얼마든지 세심하게 할 수 있다는 점을 명심하자! 내가 만났던 여자 중에 정말 남성적인 성격을 가진 여자가 있었다. 그 여자를 만나면서 나는 여자에게 세심하지 않은 남자들이 왜 욕을 먹는지 충분히 공감할 수 있었다. 내가 기분 나쁜 것을 표현해도 공감하지도 못하고 매번 무슨 그런 일로 그러냐는 듯이 무마하는 태도를 오래 겪어 보니 여자가 왜 공감 능력이 떨어지는 남자에게 이별 통보를 하는지 절실히 깨달을 수 있었다.
 공감 능력이 떨어지는 여자는 아무리 예뻐도 헤어지고 나면 꼴도 보기 싫어졌고 실제로 헤어진 뒤 그런 성격의 여자가 다시 연락이 와서 매달려도 절대 받아 주지 않았다.

특정 여자에게 집착하지 마라

정말이지 찐따남들이 가장 실천하지 못하는 것이 바로 특정 여자에게 집착하지 않는 것이 아닐까 싶다. 사실 나도 과거에 호감을 느끼는 여자가 있으면 금세 짝사랑에 빠져 결혼해서 아기를 낳는 상상까지 하는 등 혼자 마음을 키워 그 여자 외에 다른 가능성은 생각도 하지 못하게 되는 실수를 여러 번 범한 적이 있었다. 정말이지 말이 쉽지 내가 호감을 느끼는 상대에게 집착하지 않는 것은 순진남들에게는 어려운 문제인 것 같다. 그러나 내가 찐따남들을 볼 때 그들이 특정 여성에게 집착하는 정도는 심하면 스토킹이나 폭행 등의 범죄로 이어질 수 있는 위험성까지 내포하고 있는 수준임을 느끼게 된다.

사람이 너무 간절하게 한 가지에만 파고들다 보면 보통 부정적인 쪽으로 사고가 쏠리게 되는 것 같고 그래서 아직 젊고 미래가 창창한 젊은이가 살인마가 되는 말도 안 되는 일이 일어나게 되는 것이라고 본다.(물론 정상인은 범죄를 일으키지 않는다.) 남자가 너무나 마음에 드는 이상형의 여자를 보면 그 여자 아니면 안 될 것 같은 마음이 드는 것은 자연스러운 것이겠지만 사실 그런 호감이야 다른 대단한 여자를 보는 순간 또다시 그 여자에게 옮겨 가게 된다.

지금 내 눈앞에 있는 여자가 너무나 환상적인 몸매를 가지고 있어서 집착하게 되는 것이지 다른 집착의 대상이 될 만큼 화려한 여자는 세상에 너무나 많이 존재한다. 그러니 나랑 아무 관계도 아닌 특정 여자에게 지나치게 집중하는 성향이 올라올 때는 다른 화끈한 여성들에게로 의도적으로 눈을 돌려야 한다. 그러면 자동적으로 여러 여자에게 마음이 분산되니 한 사람에게 지나친 집착을 하지 않게 된다. 그리고 그런 자세가 여유로운 태도를 만들어 내서 내가 집착했던 여자가 나에게 호감을 느끼게 될 가능성은 오히려 높아지게 된다.

그리고 여자친구를 사귀거나 했을 때 여자가 바람을 피우는 것은 아닌지 의처증처럼 민감하게 반응하게 되는 남자가 있다면 명심해라! 그런 태도는 오히려 여자를 멀어지게 만든다. 여자는 풀어놓으면 오히려 품 안에 들어오는 강아지 같은 존재다. 물론 실제로 인성 문제가 있어서 바람을 피우는 여자들은 존재하기에 당신 여자친구가 그런 타입이면 뒤돌아보지 말고 손절하면 될 것이다.

그러나 여자친구가 바람을 피우거나 문제행동을 실제로 한 것이 아닌데도 의심을 해서는 안 된다. 남자는 배포가 커야 한다. 잃어버릴 각오를 하지 않으면 얻을 수가 없는 것이 여자다. 이순신 장군이 죽고자 하면 산다고 말했던 것은 그냥 한 말이 아닌 것이다. 무엇이든 잃어버릴 각오를 해야 오히려 차지하게 되는 것은 인생의 원리이자 남녀 관계의 진리인 것이다.

모든 여자가 나를 좋아할 수는 없다

나는 이 책에서 매력적인 남자가 되는 방향성에 대해서 얘기하고 있지만 꼭 하나 팩트를 짚고 넘어가야 할 것이 있는데 그것은 세상 모든 여자의 마음을 얻을 수는 없다는 것이다. 물론 이 세상에 단 한 명의 남자와 단 한 명의 여자만 있다면 어떻게든 서로 연애하고 사랑의 감정을 느끼게 될 것이다. 그렇지만 우리가 사는 세상은 수많은 경쟁자들로 이루어져 있기 때문에 나보다 더 끌리는 사람이 있을 경우 여자는 내가 아닌 다른 남성을 선택하게 된다. 그렇기 때문에 남자가 아무리 대단한 연애 지식과 매력을 갖추어도 모든 여자의 마음을 다 차지할 수는 없다. 상식적인 말이지만 실제로 자신이 매력 있어지면 모든 여자의 마음을 얻을 수 있을 것처럼 착각하는 순진남들이 많이 있다.

책을 쓰고 있는 나는 나 자신을 세상에서 가장 인기가 많은 남자인 것처럼 떠벌리고 싶은 유혹을 마주하게 되지만 이 책을 쓴 목적이 나를 광고하는 것이 아니라 책을 읽는 독자가 이상형과의 연애에 성공할 수 있도록 하는 것이기에 현실적으로 얘기를 하고자 한다. 내가 찐따남에서 매력남으로 전환한 뒤에 수없이 많은 매력적인 이성들과의 스킨십과 연애에 성공했던 것은 사실이나 언제나 실패도 경험했었다. 성공한 경험만이 나의 뇌리에 각인되어 있어서 그렇지 냉정하게 생각해 보면 어떤 이유에서든지 나를 좋아하지 않는 여자들은 항상 존재했었다. (유튜브 채널을 운영하는 유명한 픽업아티스트도 현실에서 굉장히 많이 거절당한다. 지인을 통해 확인한 사실이다.)

여자에게 거절당한 이유는 가지각색이었다. 내가 클럽에서 다른 여자랑 키스하는 것을 봐서 싫다고 한 여자도 있었고 자기 스타일이 아니라고 한 여자도 있었으며, 내가 말하는 방식이 별로라고 한 여자도 있었다. (그때는 좀 어설프긴 했다.) 그리고 아이러니하게도 정말 너무 예쁘고 여신 같은 여자는 나에게 매력을 느끼는데 그보다 훨씬 못한 애매한 외모의 여자는 나에게 매력을 못 느끼는 상황도 꽤 있었다.

연애라는 것은 지극히 상대적인 것이기 때문에 내가 높은 레벨이 되면 그 레벨에 못 미치는 여자들은 자동적으로 나에게 매력을 느끼게 되는 그런 게임이 아닌 것이다. 실제로 현실에서 나는 운동을 열심히 해서 나름 멋진 몸매를 가지고 있는데도 운동 하나 하지 않은 멸치남에게 여자를 뺏기는 일도 겪은 적이 있다. 이러한 일이 일어나는 것만 봐도 남자와 여자가 얼마나 다른지 깨달을 수 있어야 한다.

왜냐하면 어떤 남자도 글래머러스한 몸매의 여자 대신 통나무 같은 몸매의 여자를 선택하지는 않을 것이기 때문이다. 그러나 여자는 남자가 너무 괜찮기에 부담스러워서 거절하기도 하는 동물이다. (내가 그렇다는 건 아니다.) 그렇기에 만약 당신이 당신을 거절하는 여자 하나만 있어도 의기소침해지고 자신감을 잃어버리는 성향을 가지고 있다면 전혀 그럴 필요가 없다고 말해 주고 싶다. 어차피 정신이 제대로 박혀 있다면 여자를 수십 명 사귈 것이 아니라 한 번에 한 명만 사귈 것이므로, 당신에게 매력을 느끼는 이상형의 여자 한 명만 있으면 된다. 당신의 가치는 자기 자신과 당신을 좋아해 주는 이상형의 여자가 검증해 줄 것이다.

처음 보는 이상형의
여자 번호를 받는 법

거절은 결코 두려운 것이 아니다

 자~ 이제 드디어 대망의 이상형 어프로치에 대해서 얘기할 때가 되었다. 책의 제목인 "이상형의 여자를 얻는 유일한 방법"은 간단하다.
 당신은 이제 여자를 다스릴 수 있는 마인드의 남자가 되었을 테니 언제 어디서든 이상형의 여자를 보면 말을 걸어 그 여자를 차지하면 된다. 당신이 '거절'이라는 것에만 익숙해지면 원하는 여자를 얻는 과정은 굉장히 수월해지게 될 것이다.

 그런데 '거절감'이라는 놈은 참 웃기다. 물리적으로 내게 아무 상처도 입힐 수 없는 것인데 너무나도 두렵게 느껴진다. 이 거절감이라는 것 때문에 칼에 찔리는 것을 감수하며 살아가는 조직폭력배도 양지에서는 이상형의 여자에게 말 한 번 걸지 못하고 업소녀나 만나며 살아간다. 수백억의 자산을 가지고 있는 기업 대표도 완벽히 마음에 드는 여자와는 결혼하지 못하는 경우가 대부분이다. 나는 유명인의 여자친구를 보고 "와 진짜 부럽다 나도 저런 여자랑 연애하고 싶다"라고 느낀 적이 거의 없다. '왜 부와 명예를 가지고 있으면서도 겨우 저런 여자에게 만족할까?' 라는 생각을 더 많이 하곤 했다. 물론 그 남자와 나의 이성에 대한 성적 취향은 다르겠지만 말이다.

 사람마다 가치관이 다르겠지만 나는 한 번뿐인 인생 정말 내 눈에만큼은 '죽여주는 여자'를 만나고 싶다. 당신도 나와 같다면 거절을 이겨내는 방법 즉, 거절을 컨트롤하는 방법을 익혀야 한다. 사실 겪어 보면 거절은 아무것도 아니다 생각만큼 두렵지도 고통스럽지도 않다.
 당신은 언제 어디서든 남들이 어떻게 생각할지를 너무 생각하기보다는 원하는 이상형의 여자를 보면 무조건 말을 걸어야 한다. 당신을 지켜보는 주변 사람들의 시선은 중요하지 않다. 그들은 평생 다시는 볼일이 없는 사람들이기 때문이다. 실제로 내가 정말 환상적인 봄매의 여자에게 용기를 내어 진정성 있고 남자답게 어프로치를 했을 때 여자가 내 뺨을 때리거나 얼굴에 침을 뱉으면서 "너 따위가 감히 나에게 번호를 물어봐?"라고 모욕한 적은 단 한 번도 없다.

 그러나 친구가 등 떠밀어서 못생기고 통통한 아줌마 같은 여자에게 말을 걸었다가 죽일 듯한 얼굴로 나를 노려보는 시선을 겪은 적은 있다. (정말 무섭더라) 그러나 이쁘고 매력 있는 여자들은 사회성이 대체로 뛰어나다. 그래서 당신이 남자답게 대시했을 때 결코 심하게 모욕하지 않는다. 만약 당신이 그런 모욕을 겪었다면 정말 자신의 스타일이나 외모, 체형(타고난 것 ×) 등에 대해서 심각한 수준의 반성을 해야지 좌절감을 느낄 일이 아닌 것이다. 노력이 부족해서 거절당한 것은 노력으로 해결하면 되는 일인 것이다.

여자 BJ의 방송을 보며 별풍선이나 쏴 주는 얼간이 같은 한국 남자들도 존재하는 세상인데 당신이 이상형의 여자에게 '남자답게 수컷 냄새를 풍기며 접근을 할 수 있는 남자'가 된다면 스스로를 정말 자랑스럽게 생각해도 될 정도의 '진짜 상남자'인 것이다. 대부분의 남자는 앞서 언급했듯이 여자를 쉽게 만나려고만 한다. 그리고 대부분 자신감이 부족하기에 이성에 대해서 '하향지원'만 하게 된다.

이상형의 외모를 가진 최고의 여자에게 대시하기보다는 이 정도면 거절당하지 않고 얻을 수 있을 것 같다는 생각이 들 만한 만만한 상대에게만 주로 대시하는 것이다. 그런데도 남자에게 자주 번호 따이는 것을 자신이 정말 대단히 예뻐서라고 착각하는 여자들이 많다.

어디에서 이상형 어프로치를 할 것인가?

자~ 그렇다면 이제 거절의 작은 아픔을 통과할 각오를 하고 있을 당신은 여자에게 어떤 장소에서 어프로치를 해야 하는지 궁금할 것이다. 나의 경험을 통해서 추천하는 곳은 일단 여자가 많이 보이는 곳들이다. 여자가 많이 돌아다니는 곳에는 매력적인 여자 또한 확률적으로 많이 나타날 수밖에 없게 되어 있다. 대표적인 장소는 백화점, 쇼핑몰, 놀이동산, 버스터미널, 기차역, 헬스장 등이다. 당신은 이러한 장소를 무심코 지나가다가 숨 막히게 하는 이상형을 본 적이 꽤 있을 것이다.

당신이 어느 날 작정하고 이런 장소에 가서 맘에 드는 여자들의 번호를 받으려고 애를 쓰며 돌아다닌다면 분명 엄청나게 긴장을 하게 되고 그러한 자신감 없는 모습이 여성들에게 표출되게 될 것이다. 왜냐하면 스스로 생각하기에도 할 일 없이 여자 번호나 따고 다니는 남자 같기 때문이다. (그러나 픽업쟁이들이 자주 하는 짓) 그러니 할 일 없이 돌아다니지 말고 평소 당신이 그래 왔던 것처럼 자기 일상을 충실히 살아가다가 문득 이러한 장소를 지나칠 때 우연히 이상형의 여자를 보게 된다면 '어디 한번 어프로치 해 볼까' or '밑져야 본전인데 시도라도 해 보자!'라는 가벼운 마음으로 과감하게 말을 걸어야 한다.

사실 이상형을 만나고 싶다는 강한 욕구는 거절의 두려움을 넘어서게 하는 강한 힘을 가지고 있다. 거절당했을 때 쪽팔림에 집중하면 무엇도 할 수 없지만 저 여자를 차지하고 싶다는 욕구에 집중하면 거절에 대한 수치심은 생각도 하지 않게 될 수 있기 때문이다.

당신이 앞으로 이상형의 여자에게 어프로치 하는 과정은 대략 이렇게 진행되게 된다.

1. 이상형 어프로치
2. 번호 습득 (or 거절)
3. 카톡 연락 (or 씹힘)
4. 즐거운 커뮤니케이션 (or 연락 두절, 차단 등)
5. 1:1 만남 후 썸으로 발전 (or 만남 종료)

어프로치의 미학

어프로치라는 것은 영업이나 남녀 간의 데이트에 있어서 처음 보는 상대에게 접근하는 것을 의미한다. 그리고 사실 영업이나 원하는 이성에게 접근하여 유혹을 하는 것의 프로세스는 상당히 유사하다. 영업을 잘하는 사람의 특징을 살펴보게 된다면 하나같이 자존심이 강하고 언제나 당당하게 고객을 대하는 성격을 가지고 있다는 것을 알 수 있다. 그런데도 신기하게 고객들은 이러한 영업 사원을 강하게 신뢰하고 주변의 지인들까지 소개해 주게 된다. 이는 그들의 당당함이 오히려 정직성에 대한 신뢰감을 전달하게 되기 때문이다.

영업을 하는 사람들은 고객을 찾기 위해서 끝도 없이 어프로치를 하는 사람들이다. 1, 2명의 고객을 잡고 늘어지는 것이 아니라 끝없이 가망고객을 발굴하기에 수많은 계약을 이루어 내는 것이다. 남자가 여자를 꼬실 때도 항상 영업사원이 가망고객을 발굴하듯이 계속해서 어프로치를 시도하면 된다. (영업과 달리 이상형 어프로치는 '한 명과 최종계약하면 끝이다.)

여자 경험이 거의 없는 남자가 운명의 상대를 기다리며 기도만 하며 10년을 보낸다 해도 그 남자는 여전히 모태솔로로 남아 있을 가능성이 크다. 그러나 어프로치를 통해 많은 이성을 만나 보고 그중에 나의 이상형을 골라 사귀게 되면 운명의 상대를 내가 직접 찾아내는 과정을 겪었으니 참으로 낭만적인 인생을 살게 되는 것이라 생각한다. 나중에 사랑하는 여자와 결혼해서 자녀를 낳으면 자녀가 엄마 아빠는 어떻게 만났냐고 물어볼 텐데 그때 "아빠가 엄마를 처음 본 순간 너무 마음에 들어서 남자답게 접근해서 데이트를 시작했어"라고 대답할 수 있게 된다면 자녀에게 얼마나 남자답고 멋진 아빠로 보일까? 그렇다! 우리는 미래의 아내를 직접 찾아내기 위해서 어프로치를 시도해야 하는 것이다.

나의 반쪽을 찾는 여정

가만히 기다리기만 하면서 운명의 여자를 언젠가는 만날 것이라는 그런 미신적인 사고방식을 지금 당장 버리고 이 순간부터 마음에 드는 이상형의 여자를 보면 무조건 말을 걸겠다는 다짐을 하길 바란다. 앞서 언급한 어프로치 이후의 순서에 따라 어프로치를 하여 번호를 받고 카톡으로 대화를 나누다가 만남 약속을 잡은 뒤 만나서 썸을 타고 사귀게 되면 목적을 달성하는 것인데….

이 과정 도중에 실패한다면 바로 해당하는 '여성을 손절'하고 다른 이상형의 여자에게 집중하면 된다. 즉 당신은 앞으로 이상형의 여자가 10명이 보이면 10명에게 어프로치를 해서 그중 몇 명의 번호를 휴대폰에 대기시켜 놓은 상태로 살아가야 한다는 것이다.

그런데 이쯤에서 꼭 짚고 넘어가고 싶은 것이 있는데, 당신이 단순히 용기를 내서 여자에게 어프로치만 꾸준히 한다고 해서 무조건 이상형의 여자를 사귈 수 있는 것은 아니라는 점을 강조하고 싶다.

물론 정말 괜찮은 스타일을 갖춘 남자가 여자를 대하는 법도 아는 상태로 어프로치를 많이 시도하면 그런 경우에는 여자를 못 만날 확률이 거의 없을 정도로 이성을 만나는 것이 쉬워지는 것은 사실이다. 결국 인생은 수학적 확률의 영향을 받는 게임이고 '대수의 법칙'이라는 것이 있어서 어떠한 행동을 많이 시도할수록 성공할 확률은 높아져 가기 때문이다. 이 개념에 대해 잘 모르는 사람을 위해 쉽게 설명하면 동전 던지기에서 앞면이 나올 확률은 50%인데 동전을 10번만 던지면 어떤 경우에는 앞면이 2번만 나오고 뒷면이 8번 나오는 상황도 심심찮게 발생하게 된다. 즉 이상형에게 어프로치를 10번 했는데 8명의 여자에게서 거절을 당하는 상황인 것이다. 그러나 '동전 던지기를 1만 번 하면 거의 정확하게 5,000번' 앞면이 나오게 된다. 이것이 대수의 법칙이다.

즉 많이 시도할수록 여자에게 승낙받을 가능성이 높아지는 것인데 전제는 당신이 여자에게 어느 정도 매력이 있어야 한다는 것이다. (그래야 승산 자체가 생기니까) 그러나 대부분의 여자가 당신을 봤을 때 당신이 외적인 부분이나 캐릭터적인 매력에서 호감을 전달할 수 없는 사람이라면 그 상태로 어프로치를 아무리 많이 해도 좀처럼 여자의 긍정적인 반응을 이끌어 내기가 힘들 것이다.

예로 들어 폰팔이가 액정보호 필름을 준다면서 여성 고객을 가게로 유인하려고 아무리 어프로치를 해 봤자 요즘 시대에 바보가 아니면 폰팔이에게 이끌려서 가게로 들어가지는 않는다. 대부분의 여성들이 폰팔이에게는 사기를 당한다는 사실을 강하게 인지하고 있기 때문이다. (폰팔이를 거절 못 하는 여성이 있다면 착한 것이 아니라 멍청하거나 헤픈 것이다.) 폰팔이가 아무리 잘생기고 피지컬이 좋다고 한들 대부분의 여성들에게 요청하는 바에 대해 거절을 당하게 된다. 그런데 아이러니하게도 지금의 픽업 문화는 마치 이런 폰팔이들의 모습과 엇비슷한 것을 느낄 수 있다. 폰팔이들이 폰을 팔고 나서 홈런을 쳤다고 동료에게 카톡을 하는 것이나 픽업쟁이들이 여자와 모텔에 간 것을 커뮤니티에 인증하는 것이나 도긴개긴이지 않은가?

당신의 이상형 어프로치도 하룻밤 섹스를 할 여자를 구하는 듯한 가벼운 느낌이 나거나 당신이 매력적인 모습을 보여 줄 수가 없는 상태로 매번 자기성찰 없이 계속 '말 거는 행위'만을 반복한다면 중국의 어느 찐따남처럼 여자에게 8만 번을 대시했으나 여전히 여자친구가 없는 상황을 마주하게 될 수도 있다. 이 중국의 전형적인 찐따남은 길거리에서 '여자친구 구함'이라는 팻말을 들고 옷을 거지처럼 입은 상태로 여자에게 대시만 계속해서 반복했다. 당신도 길거리에서 뚱뚱하고 옷을 이상하게 입은 여자 8만 명에게 대시를 받는다면 8만 번을 거절하지 않겠는가?

매력 없는 사람이 매력 없는 모습으로 용기를 내는 것은 아무런 소득이 없다는 말이다. 그러므로 남자다운 자세와 멋진 스타일을 항상 유지하는 상태에서(즉! 이 책의 내용을 모두 실천하는 가운데!!!) 이상형의 여자에게 어프로치를 해야 성공 확률을 높일 수 있을 것이다. 당신이 이상형 어프로치를 해 나가다가 막상 여자를 사귀게 되면 당연히 다른 여자들과의 연락은 끊고 여자친구에게만 집중하는 것이 옳겠지만 사귀거나 서로 알아 가는 썸의 단계 전까지는 아무리 많은 여자에게 카톡을 보내도 상관없다.

그런 것에 있어서까지 선비처럼 도덕적으로 구는 남자는 아무 매력이 없어서 실제로 여자를 만나기가 힘들 것이다. 너무 나쁜 남자가 되지도 말고 지나치게 착한 남자가 되지도 말아라! 그냥 매력적인 남자가 되는 것이 좋다. 그러나 나는 당신이 수천 명의 여성에게 어프로치를 해야 한다고 말하는 것은 아니다. 시도를 많이 할수록 유리해지는 것은 '수학적 팩트'이나 너무 많은 시도 또한 사회적 리스크가 있다고 여겨진다.

찌질하게 픽업 다니지 말고 진정성 있게 이상형 어프로치

픽업 아티스트들은 수강생들에게 지하철이나 서점에 가서도 계속해서 여러 여성들에게 어프로치를 하라고 시키는데 미친놈들이 아닌가 싶다. 여자가 조금만 괜찮다 싶으면 어프로치를 하는 것은 여자가 너무 궁한 그런 남자들이나 하는 짓이다. 실제로 그렇게 미친 듯이 어프로치를 하고 다니는 남자 중에 매력 있는 남자는 거의 없을 것이고 너무 많은 이성에게 접근을 하다 보면 지인에게도 이 사실이 알려져서 쪽팔리는 상황이 연출될 수도 있다.

실제로 내가 시내에서 번호를 받은 여자에게 픽업에 심취한 내 지인이 같은 날 번호를 받은 경우가 발생했었다. 정말 기분이 좋지 않았고 상대 여자 입장에서도 나를 항상 번호나 따고 다니는 남자 중에 하나로 가볍게 생각할 것 같은 기분이 들었다. 그래서 그날 이후로 나는 정말 맘에 드는 이상형이 아니면 번호를 물어보지 않게 된 것이다. 또한, 아끼는 여자 동생이 서점에서 이상한 남자가 자기 번호를 물어본 경험을 내게 얘기했는데 그 남자에 대한 묘사를 들어 보니 내가 아는 픽업에 심취한 지인이 쓰는 멘트와 똑같은 멘트로 접근을 하는 남자들이 상당히 많은 것 같았다.

실제로 픽업 커뮤니티에는 비슷한 멘트를 쓰면서 여자들에게 계속해서 접근을 하는 남자들이 적지 않게 있으니 당신은 이점을 유념하긴 해야 할 것이다. 그들 때문에 당신도 자칫하면 한심한 남자로 보일 가능성이 농후하기 때문이다. 그렇기에 당신은 일상을 살아가다가 우연히 이상형의 여자를 보게 될 때만 진정성 있게 어프로치를 해야 할 것이다. 요즘 시대에는 당신의 이상형의 외모를 가진 여자가 결코 드물지는 않을 것이다.

나의 개인적인 이상형에 대해 말하자면 엉덩이와 가슴이 매우 큰 글래머러스한 체형의 여자를 좋아한다. 과거 그러한 이상형의 여자친구와 사귀고 있을 때는 정말이지 다른 이성이 눈에 들어오지도 않았었다. 물론 몸매가 내 마음에 들면서 얼굴 생김새도 내 취향에는 맞아야 한다. 그냥 예쁘다고 다 좋은 게 아니라 내 마음에 드는 외모이기만 하면 만족할 수 있는 것이다. 당신도 나처럼 자신만의 이상형이 존재할 것이다.

자신이 없어서 성격이 좋은 여자가 이상형이라는 식의 비겁한 소리를 늘어놓지 말고 당신이 김정은 위원장(돼지 새끼)과 같이 절대적인 권력을 가지고 있어서 원하는 여자를 딱 한 명만 선택할 수 있는 입장이라면 어떤 여자를 택할지 생각을 해 보고 인생에서 그러한 여자들을 마주치는 순간에 무조건 용기를 내어 어프로치를 하기 바란다. 이성에 대해서 나와 같이 높은 기준을 세워 둔다면 할 일 없이 여자 번호나 따고 다니는 것이 아니라 아주 한 번씩 마주치게 되는 이상형의 여자를 볼 때마다 후회가 두려워 용기를 내지 않을 수 없는 인생을 살게 될 것이다.

이상형 어프로치의 디테일

당신이 우연히 길거리를 걷다가 이상형의 그녀를 발견하게 되면 순간적으로 뛰어난 외모와 몸매에 압도되어 선뜻 말을 걸기가 쉽지는 않을 것이다. 그러나 일단 남자친구가 근처에 있는 것은 아닌지 아니면 말을 걸면 그 여자가 곤란함을 느끼게 될 상황은 아닌지 빠르게 파악을 한 다음에 여자에게 다가가면서 마음속으로 5초를 세라.

5, 4, 3, 2, 1 그리고 여지없이 "저기요!" 하고 말을 걸어라. 이렇게 하지 않으면 언제나 생각만 하고 원하는 여자가 지나쳐 가는 것을 지켜보기만 하게 될 것이다. 우리의 본능은 처음 본 사람에게 말 거는 것을 불편해하기 때문에 의지적으로 그리고 습관적으로 이러한 숫자 세기를 통해 여자에게 접근하는 것을 편하게 만들어야 하는 것이다. (숫자 안 세고 접근해도 당연히 상관없다!)

또한 당신이 꿈에 그리던 이상형의 여자를 발견했는데 그녀를 발견한 장소가 버스 정류장이나 지하철 안 등 주변의 시선이 너무 신경 쓰이는 곳인 경우에 무작정 말을 걸면 여자도 불편함을 느끼고 자칫 사회성이 떨어지는 인간으로 오해받을 수 있으므로 차라리 자연스레 따라가서 혼자 있을 때 말을 건다든지 상황에 맞는 판단을 해서 어프로치를 하면 될 것이다. 노파심에 하는 얘기지만, 여자에게 "맘에 들어서 버스를 따라 타고 여기까지 왔다"라는 식의 이런 멍청한 소리를 하는 남자가 없길 바란다. (혹여나 그것이 사실이라 할지라도)

항상 여자가 무섭거나 부담을 느끼지 않도록 센스 있게 얘기하는 것이 중요하다. 당신이 핵심적으로 전달해야 하는 느낌은 나는 이상한 사람이 아니고 매력적인 남자인데 너무 맘에 드는 여자를 우연히 보게 되어서 용기를 내어 말을 걸고 있다는 사실이다. 특별한 멘트 같은 것은 필요하지 않다. 정말로 그런 것은 하나도 중요하지 않다. 다만 처음 보는 여자에게 너무 바짝 붙어서 말을 걸어서는 안 되고(거리조절은 격투기에서만 중요한 것이 아니다.) 말을 건 뒤 한 발짝 뒤로 물러나서 여자가 부담스럽지 않은 상태로 대화를 진행해야 한다.

말 걸자마자 다짜고짜 번호를 묻는 등의 조급한 행동을 하지 말고 우선 말을 걸었으면 자연스럽게 나오는 대로 얘기를 하기 시작해라. 당신이 상대와 상황에 대해 느끼는 그대로의 사실을 여유롭게 말하면 된다. 이와 같이 긴장되는 상황에서는 항상 느리게 차근차근 행동하며 말을 하면 실수를 줄일 수 있고 "내가 마음에 들어서 말 걸었는데 네가 뭐 어쩔 거야"라는 담대한 마음을 가지고 차분하게 여자를 대하면 나보다는 여자가 부끄러워서 어쩔 줄 몰라 하게 될 것이다. 그렇게 잠깐이나마 대화를 하며 여자로 하여금 당신이 이상한 놈이 아니라는 사실을 깨달을 시간을 주고 여자가 당신의 비주얼을 전체적으로 파악할 수 있게 해줘야 하며 당신이 아름다운 여자와도 자신감 있게 눈을 마주치고 여유 있게 대화할 수 있는 매력 있는 남자라는 사실을 느끼게 해 줘야 한다.

대화 중에 당신이 농담의 소재로 사용할 어떤 포인트가 발생하면 놓치지 않고 농담을 던질 줄 아는 센스까지 보여 준다면 남자친구가 없는 한 이상형의 번호를 받는 것은 결코 어렵지 않을 것이다. 그러나 너무 길게 대화 나누려 하여 신비감이 떨어지게 하지는 말고 번호까지만 교환한 다음에 헤어져서 여자가 당신에 대해 좋은 인상을 가지게 하는 것이 좋다. 여자가 당신을 집에 가서 떠올렸을 때 "그 남자 그래도 좀 남자답고 뭔가 매력 있는 느낌이었어"라고 생각하게 만들었다면 연락은 이어질 것이고 연락하는 과정에서도 카톡을 조급하게 보내거나 빨리 만나자고 닦달하는 애송이 같은 짓을 하지 않고 여유롭게 대응한다면 단둘이 얼굴을 보는 것도 힘들지 않을 것이다.

지금까지 어프로치에 대해 쓴 내용은 나를 평가하려는 여자 앞에서 어떻게 그 평가를 넉넉히 통과하는지에 대한 내용이었는데 반대로 나도 여자를 항상 평가해야 할 것이다. 어프로치의 진행 과정에서 상대만 내 카톡을 씹고 거절할 수 있는 것이 아니라 먼저 말을 걸고 접근했어도 당신 역시 "네가 괜찮은 여자인지 지켜볼 거야"라는 분위기를 풍겨야 한다. 이 분위기를 말로 허세스럽게 표현해서는 절대 안 되지만 연락의 빈도나 내용 등에서 그런 느낌을 풍겨야 한다는 것이다.

여자를 손절하는 것의 중요성

나는 투자나 연애 그리고 인생의 다른 모든 부분에 있어서 '손절'이라는 것은 정말 중요한 기술이라고 생각한다. 우리 사회의 아름다운 여성들은 대게 남자를 쉽게 손절하지만 남자들은 마음에 드는 여자를 좀처럼 끊어 내지 못하는 경우가 많다. 당신이 여자 경험이 부족하다면 지금 연락하고 있는 여자를 놓치게 되었을 때 참담한 감정에 휩싸이게 될 수도 있지만 사실 세상에는 그 여자 말고도 정말 아름다운 여자가 많다.

남들처럼 인연이 생기기를 기다리기만 하는 남자들에게는 그런 이성들이 너무나 희소하고 귀하게 느껴지겠지만 이상형이 내 눈에 보일 때마다 접근을 할 수 있는 남자에게는 세상에 '참 많은 연애 후보자'가 존재하게 되는 것이다. (그러나 여자는 외모가 아무리 괜찮아도 사실상 다가오는 남자만 선택할 수 있는 입장이다.) 그렇기에 당신이 연락하는 여자가 술을 너무 좋아하거나 연락이 너무 안 되는 '클럽에 자주 가는 죽순이'거나 '경제관념이 전혀 없는 사치스러운 여자'일 경우에는 뒤돌아보지 말고 냉정하게 자르고 끊어 내라. (골초 or 문신충도 추가) 그런 여자를 아쉬워할 이유가 전혀 없다. 이 세상에는 당신의 이상형의 외모를 가진 여자가 정말 많기 때문이다. 외모와 인성이 다 갖춰진 여자를 만났다면 좀처럼 놓쳐서는 안 되겠지만 외모만 이상형인 여자는 언제든 끊어 낼 수 있어야 한다.

절대 만나서는 안 되는 유형의 여자 (회피형)

특별히 당신이 절대로 만나서는 안 되는 유형의 여자에 대해서 알려 주자면 연인 관계의 친밀감에 대해 불편해하고 독립적으로 자신의 인생을 즐기려는 이기적인 성향의 여성들은 절대 만나서는 안 된다. 심리학에 관심이 있는 독자분이라면 애착 심리가 연애에 있어서 얼마나 중요한 부분을 차지하는지 이해하고 있을 것이라 생각한다. 애착이라는 것은 어린 시절 부모님의 사랑을 받고 관계를 맺는 과정에서 자연스럽게 형성되는 것인데 인생을 살아가면서 다양한 경험을 통해 애착 심리가 변화되기도 하지만 대부분 어린 시절 부모님과의 관계에 의해 상당히 큰 영향을 받은 상태로 살아가게 된다. 복잡하게 생각할 것 없이 어린 시절에 부모님으로부터 사랑을 받지 못하거나 부정적인 메시지를 자주 듣게 되거나 부모님의 관계가 좋지 못해 불안감을 자주 느끼게 되면 그 사람은 정서가 건강한 성인으로 자라나기가 굉장히 어렵다.

 묻지마 살인이나 강간, 데이트 폭력 등의 범죄를 일으킨 인간들을 보면 어릴 적에 부모님께 사랑을 받고 자란 인간이 거의 없다는 것을 알 수 있다. 이토록 중요한 부분임에도 사회는 엄마가 자녀를 양육하고 사랑으로 보살피는 것의 중요성에 대해서 간과하고 여성의 사회 진출 어쩌구 하면서 자녀들이 보살핌을 받지 못하는 사회를 만들어 왔다. 그 결과 한국 사회에는 정서적인 괴물들이 탄생하게 되었고 이것이 오늘날 끔찍한 범죄들이 연이어 일어나게 된 배경이라고 할 수 있다.

 연애를 함에 있어서도 애착 심리는 굉장히 중요하다. 왜냐하면 이 애착이라는 심리는 부모 자식 간에 그리고 남녀 간의 연애에 있어서만 주로 드러나는 특성을 보이기 때문이다. 사회생활을 하거나 친구 관계를 맺을 때는 큰 문제가 없는 사람도 연애만 하면 문제가 생기는 이유는 연인 관계는 성적인 관계이기에 서로를 소유하고 의지하려고 하는 애착이 형성되기 때문이다. 애착에 대한 심리학 서적들을 읽어 보면 대부분의 사람은 안정형이고 불안형, 회피형 등의 성향은 비교적 소수로 존재한다는 사실을 알 수 있다. (상대적 소수라고는 해도 꽤 많이 존재한다.)

 쉽게 설명해서 불안형은 상대에게 집착하고 의존하고 친밀감을 느끼려고 하는 사람이고 회피형은 그러한 과도한 친밀감을 불편해하는 사람이고 안정형은 말 그대로 정서가 안정적이어서 내가 상대방에게 의존도 쉽게 하고 상대가 나에게 의존하는 것도 괴로워하지 않는 사람을 말

한다. 이러한 설명을 들었다면 당신은 어떤 애착 심리를 가지고 있는 여성을 만나야 할까? (당신이 정상적이고 착한 마음씨를 가진 남성이라고 전제하고 말한다.) 예상했겠지만 안정형의 여자를 만나는 것이 제일 좋고 당신이 친밀감을 불편해하지 않는 남자라면 불안형도 상관없다. 사실 나는 여자친구가 내게 어느 정도 집착하는 것은 나쁘지 않다. 내게 애정을 표현해 주고 달라붙는 것이 좋다. (나는 비교적 안정적인 불안형이다.)

그러나 나는 회피형의 여자는 절대로 만나지 않는다. 당신도 회피형의 여자는 절대로, 절대로 만나서는 안 된다. 아무리 대단한 몸매와 외모를 가졌어도 회피형만은 반드시 피해야 한다. 말 그대로 회피형은 친밀감을 거부하고 독립적으로 살고 싶어 하는 성향이다. 남자친구가 자신을 구속하려 한다고 느끼고 지나치게 친밀하게 행동하면 이런 여성들은 불편해하며 밀어 낸다. 연락이 잘되지 않고 관계에 대한 의무를 다하지 않으며 바람을 필 확률도 굉장히 높다.

개인적인 의견이지만 남녀를 떠나 회피형의 성향을 가진 사람들이 가장 정서가 불안정하다고 생각한다. 인간으로서 누군가가 내게 애정을 가지고 친밀감을 보이는 것은 당연한 것이고 감사해야 할 일인데 그러한 친밀감을 불편해한다는 것은 결코 좋은 성향이 아니다. 사회생활하면서 적당히 거리를 두고 생활해도 되는 사람들에게 그러는 것은 이해할 수 있으나 나와 사랑을 나누고 평생 함께할 사람에게조차 그렇게 선을 긋는 사람을 만나서 어떻게 행복할 수 있겠는가? 인간은 절대 혼자서는 살아갈 수 없는 나약한 존재다. 남자의 삶 역시 사랑하는 여자의 전폭적인 지지와 응원 없이는 성취와 만족감을 느끼기가 힘든 것이 인생이다. 그런데 나와 결혼해서 자녀를 놓고 함께 살아가는 여자가 회피형의 성향을 가지고 있다? 당신의 삶 자체가 지옥이 될 것이다. 장담한다.

결혼해서 이혼을 하거나 고통을 받으며 살아가는 대부분의 커플에는 회피형에 해당하는 성향을 가진 사람들이 속해 있을 것이라고 생각한다. 결혼을 했음에도 인스타에 엉덩이가 노출된 사진을 올려야 하고 가슴이 파진 옷을 입고 관종 짓을 하지 않으면 견딜 수 없는 사람들…. 자기 남자친구나 남편이 그러한 것을 싫어해도 구속하지 말라며 자기 하고 싶은 대로 해야 하는 이기적인 인간들….

결혼을 했어도 서로의 사생활을 존중해야 한다며 자녀를 출산하지 않고 인생을 즐기려고 하는 종족들…. 이런 여성을 만나서 행복할 수 있는 남자는 없다. 요즘 한국 사회에는 부모에게 사랑을 받지 못했거나 불안정한 가정에서 자라나서 회피형의 성향을 가진 사람들이 많은 것 같다. 물론 이러한 가정에서 자라났어도 자유의지로 자신을 성찰하고 성숙한 인격에 다다르는 사람도 분명 있지만 절대다수는 이러한 성향을 극복하지 못한다. 그래서 마음껏 인생을 즐기려는 생각 편하게 하고 싶은 일만 하며 살아가려는 마음을 가질 뿐 관계에 대한 책임이나 건강한 윤리관을 가지고 있는 사람을 찾아보기 힘든 시대가 되어 가고 있다.

당신이 한번 생각해 보길 바란다. 인터넷 방송에서 가슴을 흔들어 대며 방송을 해서 수억 원을 벌어들이는 여자 BJ들 중에 회피형의 성향이 아닌 사람이 얼마나 될 것 같은가? 그리고 그런 여성을 여자친구로 두고도 괴롭지 않은 남성은 과연 안정형이나 불안형일 수 있을까? 인간이 딱 세 가지 유형으로 규정된다고 생각하진 않지만 애착 심리를 통한 유형 분류가 상당히 참고하기 좋은 기준이 되어 주는 것은 사실이기에 당신의 애착 심리에 대해서 파악을 하기 위해 독서를 해 볼 것을 추천한다. ("그들이 그렇게 연애하는 까닭" 추천) 나는 불안형인 내 성향에 따라 안정형이거나 불안형인 여자만을 선택한다. 연락을 해 보고 회피형의 성향을 가졌다고 판단되면 바로 차단을 한다. 당신도 반드시 그래야만 한다. 그런 여자를 만나면 인생을 망치게 되기 때문이다. 이성 관계에 대해서 손절을 잘할 수 있는 사람이 자존감 있는 사람이고 그런 사람은 얼마든지 매번 더 아름다운 여자를 차지할 수 있게 된다. 이런 '손절의 각오'를 가지고 여자를 만나는 남자는 여자 입장에서도 절대 우습게 생각할 수가 없다. 다른 남자와 태도 자체가 다를 수밖에 없기 때문이다.

여자와 썸을 타는 과정에서 마음에 들지 않는 면을 보게 되면(일반적인 실수 같은 것들 말고 회피형 성향과 같은 치명적인 문제) 여자에게 '주의'를 주고 그럼에도 달라지려는 노력을 하지 않는 상대는 끊어 내라! 당신의 청춘은 개념 없는 여자보다 소중하기 때문이다. 당신의 나이가 20대라면 연애 경험 삼아 그런 여자도 만나 보는 편이 좋을 수도 있겠지만 30대 중반 이후의 나이라면 그런 여자를 만나면서 스트레스받으며 청춘을 낭비해서는 안 된다. 배려심 있고 공감 능력 있는 이상형의 여자와도 얼마든지 연애할 수 있는데 성격에 문제가 있는 여자와 단 몇 개월이라 한들 연애를 하며 스트레스받을 필요가 없는 것이다. 지금 당신의 젊은 시절은 (~40대까지) 아무리 많은 돈으로도 살 수 없는 고귀한 것이기 때문이다.

당신이 다양한 여자들을 어프로치를 통해 만나 연락을 이어 나가고 대화 경험을 쌓으며 내가 알려 준 대로 남자다운 태도로 여자를 유머러스하게 놀리고 여유롭게 대하다 보면 당신이 원하는 이상형의 여자들도 그리 어렵지 않게 만날 수 있다는 것을 느끼게 될 것이다.

그렇게 알아 가게 된 여자 중에 나에게 제일 큰 호감을 느끼며 순종적으로 행동하는 여자를 골라서 연애하게 된다면 원하는 외모에 성격도 마음에 드는 여자를 얻게 되는 것이니 세상 누구보다 행복한 남자의 삶을 살게 될 것이다.

당신이 이러한 행복을 얻기 위해 지불할 대가는 무엇인가? 바로 당신을 거절한 여자들로부터 느낀 약간의 거절감이 전부다. 이것은 때로는 고통스러울 수도 있으나 실질적으로 당신의 통장 잔고가 깎이는 것도 아니고 신체적인 피해를 당하는 것도 아니다. 그리고 당신이 차지하게 될 이상형의 그녀가 그동안의 거절의 아픔을 씻은 듯이 치유해 줄 것이다. (여자친구에게 그동안 어프로치 한 것을 말하지는 말자! 이것은 거짓이 아니라 센스의 문제) '로우 리스크 하이 리턴의 전형적인 케이스'가 바로 이상형의 여자를 볼 때마다 어프로치를 하는 것이다. 진짜 남자만이 할 수 있는 용기 있는 행동!!! 바로 이상형 어프로치!!!!

경험이 없는 남자들은 이러한 방식으로 진짜 여자를 만날 수 있냐고 묻겠지만 아름다운 여성들에게 물어보면 길거리에서 번호를 물어본 남자와 진지하게 사귀었던 경험을 심심찮게 들을 수 있다.

30대 후반 신용불량자의 이상형 어프로치 경험

길거리에서 여자에게 말을 걸라고 하면 많은 남자들이 "그건 당신이 여자에게 인기 있는 스타일이라서 할 수 있는 것이지 평범한 남자는 그런 행동을 하기 어렵다"라고 말할 것임을 안다. 그러나 나는 당신이 생각하는 것처럼 20대 여성에게 말을 걸기에 충분한 조건을 가지고 있는 남자가 결코 아니다. 과거에도 그렇고 지금 또한 그렇다. 나는 30대 후반의 나이에 대학교 졸업장도 없는 빚쟁이이며 몇 년 전부터는 자동차도 없고 집도 없다. (너무 충격을 받지 않기를 바란다.) 대부분의 남자가 중요하게 생각하는 거시기(?) 크기가 큰 남자도 아니며 몸은 마른 편이고 얼굴도 연예인처럼 잘 생기지 않았다.

나는 결혼정보업체에 등록하면 이 사회의 기준에 따라 최하위 등급에 속하게 되는 그런 남자인 것이다. 그럼에도 나는 열등감을 전혀 느끼지 않으며 이상형의 여자와만 연애하며 살아왔고 앞으로 결혼도 완벽한 나의 이상형과 할 자신이 있다. 지금 당신의 상황이 만약 나보다 더 힘든 상황이라 해도 얼마든지 이상형의 여자를 차지할 수 있다는 사실을 믿었으면 좋겠다. 당신이 할 수 있다고 믿으면 아무것도 아닌 것인데 어렵다고 생각하면 실제로 어려워진다. 인간은 믿음대로 살아가도록 설계되어 있는 존재이기 때문이다.

실제 어프로치 경험

이번에는 내가 과거 번화가에서 이상형의 여자들에게 어프로치 했던 경험을 얘기하고자 한다. 신기하게도 엄청 예쁜 여자들일수록 매너가 좋았었다. "저기요~ 지나가시는 거 봤는데 너무 제 이상형이셔서" 하고 말을 하면 멈춰 서서 나를 쳐다보며 "죄송해요. 제가 남자친구 있어서요~" 그리고는 "감사합니다"라고 말하며 거절하는 여자가 대다수였다.

내가 갑자기 말을 걸어서 딴생각을 하다가 깜짝 놀라서 소리를 지르고는 나에게 놀라게 해서 미안하다고 사과를 하는 여자들도 있었고 내가 말 거는 동안 자동차가 돌진해 와서 거부감을 느끼지 않게끔 살짝 옷깃을 잡아서 당기는데도 좋은 반응으로 웃으면서 얘기를 하는 친절한 여성들도 많았다. 나는 지금 성공한 경험에 대해서 얘기하고 있는 것이 아니라 사소한 여자의 반응을 얘기하고 있는 것이다. 내가 멋진 모습으로 여자에게 매너 있게 어프로치 했을 때 나의 대시에 기분 나빠 하는 여자는 없었다.

여자가 겉으로는 도도한 척할 수 있겠지만 당신도 입장을 바꿔 생각해 보면 매력적인 여자가 당신에게 말을 거는 것이 불쾌할 수가 있겠는가? 그 여자 앞에서는 시크한 척을 해도 돌아서면 친구들에게 카톡으로 자랑을 하지 않겠는가? 어느 분야나 그렇겠지만 대중은 언제나 눈앞의 결과에만 집착한다. "여자 번호를 받았어? 그래서 사귀어? 헤어졌어?" 항상 결과만을 쫓기 때문에 그들은 언제나 패배만을 경험하는 인생을 살 수밖에 없다.

그렇지만 나는 이상형의 여자를 만나는 과정에서 결과보다는 내가 이상형의 여자들에게 어떻게 인식되는지에 더욱 신경을 써 왔다. 내가 아무리 괜찮아도 남자친구가 있는데 나의 어프로치에 바로 번호를 주며 "오늘 밤에 같이 한잔해요"라고 말하는 여자와 진지하게 연애하고 싶은 생각은 없다. 그래서 남자친구가 있다고 하면 한 번 정도 창의적인 제안을 해 보고 그래도 거절하면 바로 매너 있게 물러선다. 이런 상황에서 찐따남들은 여자가 남자친구 없으면서 있다고 하는 것일 수도 있다는 의심의 말을 하곤 한다. 나는 그런 생각을 하는 남자들이 너무 싫다. 남자친구가 없는데 있다고 한다는 것은 '당신이 너무 별로여서' 그렇다. 당신이 괜찮으면 지조 없는 여자들은 남자친구 있어도 없다고 거짓말을 할 것이다.

실제로 그렇게 행동하는 여자는 상당히 많다. 그러니까 여자가 속임수를 쓰지 않을까 노심초사하는 찐따 마인드를 가지지 말고 거짓말을 해서라도 당신의 호감을 받고 싶은 그런 남자가 되는 것에 집중하길 바란다. 어차피 결과는 내가 통제할 수 있는 것이 아니므로 당장의 결과에만 목매지 말고 매력적으로 여자와 소통할 수 있는 남자가 되는 것에 초점을 두고 노력해 나가면 결과는 내가 간절하지 않아도 자연히 따라오게 되는 것이다. 이러한 방향성이 인생에 있어서 진리임을 왜 깨닫지 못하는지 안타까울 따름이다.

내가 어프로치 한 여자 중에 정말 지금 생각해도 가슴이 웅장해지는 엄청난 글래머 몸매에 얼굴까지 완벽한 여자가 있었다. 정말 용기가 쉽사리 나지 않아서 오랫동안 망설이다가 어프로치를 한 케이스였는데 진지하게 이 여자가 내 여자친구가 되면 정말 세상을 다 가진 기분일 것 같았다. 그래서 그 여자가 친구랑 길을 가고 있는데 따라가서,

"저기요~ 아까부터 봤는데 너무 제 이상형이셔서요~ 혹시 어디 가는 길이세요?"

"아 저희 숙소 가고 있어요."

"아 서울 사람 아니신가 봐요~ 혹시 남자친구 있으신가요?"라고 물어보니 남자친구가 있다고 했고 옆에 친구가 웃으면서 "얘 결혼해요~"라고 말했다. 그래서 "아, 어려 보이시는데 벌써 결혼을…."
결혼할 남자친구가 있다는 사실에 너무 아쉬웠지만 단념하고 너무 예쁘시다고 칭찬으로 마무리 인사를 하자 그 여자도 상당히 기분 좋아 하며 감사하다고 정중하게 인사를 했다. 내가 이 짧은 대화에서 특별한 말을 한 것도 없고 그냥 일상적인 대화를 서로 주고받은 것인데 여자의 호의적인 반응을 보니 나는 내가 올바른 억양과 바이브로 여자를 대하고 있다는 것을 느낄 수 있었다.

당신도 스스로가 아름다운 여자와 편하게 대화할 수 있다는 것을 깨닫게 되면 매번 여자의 상황에 따라 번호를 받을 수도 있고 못 받을 수도 있지만 결과와 상관없이 당신이 바르게 여자와 소통하고 있다는 것을 깨닫게 되는 순간이 오게 될 것이다. 완벽한 이상형의 여자에게 어프로치 했던 경험이 내게 중요했던 것은 이렇게 엄청난 외모의 여자에게 접근해도 내가 남자답게 눈을 마주치며 매너 있게 얘기하면 여자가 결코 욕을 하거나 노려보지 않는다는 사실을 깨달았기 때문이었다. 그리고 나는 이 경험을 통해 다음에도 이러한 환상적인 여자를 보면 반드시 말을 걸어야겠다는 자신감을 가지게 되었던 것이다.

애매한 외모의 여자 1,000명에게 접근하는 것보다 내 이상형의 여자 한 명에게 어프로치 한 경험이 결과와 상관없이 내게 훨씬 더 큰 자신감을 주었던 것이다.

처음 보는 여자에게 접근하는 요령

여자에게 처음 말을 걸 때는 내가 상대가 마음에 들어 번호를 받고 싶은 그 간절한 욕구에만 매몰되지 말고 상대 여자 입장에서 처음 본 사람이 말을 거는 것이 당황스럽거나 부담스러울 수 있다는 것을 인지한 상태로 대화를 진행해야 한다. 이에 대해서 지나치게 생각해서 자신감을 잃어버리라는 것이 아니라 상대의 처음 반응이 썩 좋지 않게 나오더라도 당황하지 말고 당신의 매력을 노출해 나감을 통해 여자의 마이너스 반응을 플러스 상태로 점진적으로 끌어올리겠다는 마음으로 접근해야 한다는 것이다.

예로 들어 처음 말을 건 순간 여자가 당신에 대해서 0의 호감에서 시작하더라도 대화를 나누어 가면서 그 호감이 100에 가까워지도록 하겠다는 마음으로 대화를 하라는 것이다. 이렇게 생각하면 여자의 처음 반응을 심각하게 느끼지 않고 찬찬히 대화를 풀어 나갈 수 있을 것이다. 축구로 비유하자면 경기 시작하자마자 안 들어갈 거 알면서 상대 골문에 바로 슈팅부터 하지 말고 천천히 공을 돌리면서 상대의 빈 공간을 점검하는 것과 같이 "자 경기 시작됐으니 찬찬히 풀어가 보자"라는 마인드를 가지라는 것이다.

처음 "저기요~" 하고 여자에게 말을 걸고 나서 너무 바짝 붙지 말고 한걸음 뒤로 물러서서(정말 중요한 부분이다.) 상대에게 거부감 없이 내 얘기를 들을 수 있도록 여유를 주고 그 상태에서 눈을 당당하게 마주치며 부드럽게 대화를 진행하면 된다. 대화를 나누는 동안은 눈에 너무 힘을 주지는 않은 상태로 상대의 눈을 똑바로 쳐다보면서 상대가 당신의 부드러운 자신감을 느낄 수 있도록 해야 한다. 그래야 여자에게 '나는 네 미모에 압도되지 않는 진짜 남자'라는 것을 인식시킬 수가 있다.

그리고 이렇게 부드러우면서도 당당하게 행동해야 어딘가 켕기는 것이 없이 자신을 드러내는 남자라는 걸 여자가 느끼게 돼서 신뢰감과 매력이 동시에 전달될 수 있을 것이다.

그리고 여자가 번호를 주지 않고 "아니에요~" 등의 거절하는 반응을 하더라도 그것이 꼭 좋고 싫고의 문제가 아니라 사회적인 관념 때문에 그럴 수도 있으니 거절반응에 초연하게 대응해야 한다. 거절하자마자 "네" 또는 "죄송합니다"라고 얼간이처럼 성급하게 대답하는 남자가 되지 않아야 한다.

만약 당신이 여성에게 초반에 접근하는 것 자체가 너무 힘들게 느껴진다면 명분을 사용해서 접근을 하면 된다. 나는 과거 영업직으로 일할 때 서핑 강습을 진행한 적이 있었다. 이때 나는 번화가에 나가서 아름다운 여성들에게 서핑 강습에 대한 홍보활동을 했었는데 우연히 레깅스를 입고 지나가는 엄청난 몸매의 골반녀를 마주치게 되었다. 이런 압도적 포스를 풍기는 여성에게 접근하는 것은 결코 쉬운 일이 아니지만 내게는 서핑강습 홍보라는 명분이 있었으므로 과감하게 접근해 서핑 강습에 대해 대화를 나눴고 여성은 흥미를 보여 내게 번호를 주었다.

이후에 카톡으로 연락을 할 때도 서핑이라는 명분이 있으니 여성은 내게 경계심을 보이지 않았고 물에 빠져 꼬르륵하면 어떡하냐고 애교를 부리기도 했다. 어차피 남녀 관계는 남자가 접근을 하면 여자는 항상 자신에게 호감이 있는 건 아닌지부터 생각을 하게 되어 있다. 그렇지만 명분이라는 것이 주어지면 여성은 거부감을 크게 느끼지 않고 내가 리드하는 대로 따라오기가 훨씬 수월해질 것이다.

대부분의 여성들은 쉬운 여자로 보이는 것을 굉장히 두려워하는 내면적 약점이 있다는 것을 항상 인지하길 바란다. 그렇기에 여성들에게는 명분이라는 것이 굉장한 면죄부가 되어 주는 것이다. 예로 들어 남자와 모텔에 가고 싶지만 함부로 몸을 굴리는 여성으로 보이기 싫은 여자에게 영화 보고 쉬다 가자고 말하는 고전적인 방법조차 통하는 이유가 이러한 맥락 때문인 것이다. 사귀기 전인데 대놓고 "우리 섹스를 즐기러 가자"라고 말하면 어느 여자가 오케이 할 수 있겠는가? 그렇기에 여자가 못 이긴 척 끌려오게 만들기 위해서는 항상 명분을 활용하는 것이 최선의 방법인 것이다.

여자의 거절을 컨트롤하는 법

당신이 접근한 여자에게 거절 반응이 나오더라도 스스로에 대해 확신과 자신감이 있다면 초연하게 대화를 이어 나갈 수 있을 것이다. 계속 아니라며 괜찮다고 얘기하는 여자에게는 "뭐가 계속 아니라는 거에요?"라는 말로 여자 스스로 '내가 왜 거절을 하는 거지?'라는 의문이 들게 만들어 주어라! 그리고 자신의 비주얼에 자신이 있다면 "제 외모가 그렇게 별로예요?"라고 도발적으로 물어볼 수도 있을 것이다. (못생겼으면 하지 마라!) 그러면 보통 "아니에요. 잘생기셨는데 저 헌팅하는 남자 별로라서"라는 식의 말을 하게 될 것이다.

"그럼 일단 알아 가 보면 되지. 당장 사귀자는 것도 아니고. 사람 겪어 봐야 아는 거 아닌가요?" 이런 사회 관념적인 말들을 태연하게 얘기하면 누구나 쉽게 거절하지 못하고 동의하게 된다. 당신이 마주친 예쁜 여자는 마약을 하거나 다른 사람을 살해하는 그런 범죄자일 가능성보다 일반적인 사회 구성원으로서의 여자일 확률이 높기 때문에 이러한 방식의 대화가 통하게 되는 것이다. 다만 당신이 여자의 거절에 유연하게 대처를 하지 못하고 있다면 너무 자기 자신이 어떻게 보일지에만 생각이 갇혀 있어서 그럴 가능성이 높을 것이다. 상대가 아니라 내 자신에게 집중하고 있다 보니 상대방의 말에서 중요한 정보나 핵심 어구를 캐치하지 못하고 눈치가 부족해서 상대의 호감을 읽어 내지 못하게 되는 것이다.

여자와 대화하는 동안에는 내 자신에 대해서 생각하지 말고 그 상황에 완전히 '몰입'하여 여자의 비언어와 하는 말에 집중해야 한다. 이러한 연습에 익숙해지면 여자의 거절 반응이 진짜 반응인지 아니면 사회 관념상 체면 때문에 거절하는 것인지 꿰뚫어 볼 수 있게 될 것이다. 이런 능력을 기르는 방법은 오로지 용기를 내어 시도해 가면서 스스로 피드백을 하는 수밖에는 없다. 그리고 누구나 의도적으로 이러한 것을 연습하면 남녀 관계에 대해 고수의 경지에 다다를 수 있게 된다.

번호를 받고 나서 연락하는 법

여자의 번호를 받고 나서 언제 연락해야 가장 좋을지에 대해서는 사실 고민할 필요가 없다고 생각한다. 시간이 많이 지나 연락하면 당신도 연락하기 부담될 것이고 번호를 준 여자로부터 잊혀질 수도 있으며 괜한 오해와 짜증의 대상이 될 수도 있으니 번호를 받은 그날 안에 바로 연락을 하기 바란다. 당신이 아침 일찍 여자의 번호를 따지는 않았을 것이니 주로 밤에 연락을 하면 될 것이다. 당신이 '여자에게 언제 연락하는 것이 가장 좋을까?'를 지나치게 고민하는 이유는 그 여자가 너무 소중하고 어렵게 느껴져서 비위를 맞춰서라도 얻고 싶은 간절함 때문일 것이다.

계속 얘기하지만 당신이 이런 간절함을 가지고 있다면 당신은 실패할 가능성이 굉장히 높다. 쉽고 편하게 상대를 대해야 한다. 그리고 여자에게 매번 처음 연락할 때는 밤에 연락하는 것이 좋을 것이다. 이는 여자가 감성적이 되는 시간대이기 때문이다. 밤이 되면 하루를 마치고 이런저런 생각에 잠기기도 하고 보통은 바쁜 일이 없는 상태가 되니 당신과의 대화에 더욱 집중할 수 있으며 속얘기를 편하게 할 수 있는 감정 상태가 된다.

그러니 낮에 이런저런 일로 바쁠 때 연락하는 것보다는 밤에 주로 연락을 해라. (밤에 연락이 안 되는 여자는 잘라 내라.) 그리고 원래 남녀 관계는 밤에 가까워지는 것이 아니겠는가? 친구와는 낮을 함께 보내지만 좋아하는 이성과는 밤을 함께 보내는 사이가 되어야 하니 주로 밤에 연락을 하기 바란다.

PART 4

국제결혼은 신의 한 수다

사실 이 책은 원래는 'part 3'에서 끝나는 책이었다. 그럼에도 굳이 국제결혼에 대한 내용을 책에 추가하게 된 배경을 설명하자면 "이여유"라는 책을 처음 쓸 때만 해도 나는 국제결혼에 대해서 생각해 본 적도 없었으며 대중적인 사람들처럼 국제결혼은 한국에서 여자를 만날 능력이 없는 패배자들이나 선택하게 되는 하나의 탈출구와 같은 것으로 생각을 했었다. 그러나 연애에 대한 책을 쓰고 난 뒤부터 남녀 관계에 대해 누구보다 많은 관심을 가지고 나름의 연구를 하다 보니 이상형의 여자를 얻기 위해 노력할 각오가 되어 있는데도 대한민국의 현실상 불리한 입장에 있는 많은 남성들이 보였다. 또한 기고만장하고 분수를 모르는 한국 여성들에게 지쳐서 국제결혼을 선택하는 남성들이 많아지고 있는 것도 알게 되었다.

나 역시도 이제 나이를 많이 먹어서인지 더 이상 대체로 기가 센 한국 여성들을 상대할 감정적 에너지가 남아 있지 않고(늙으면 호르몬이 변한다.) 이제 이상형의 여자와 안정된 연애를 하면서 내 비즈니스의 성공을 위해서만 몰입하며 살아가고 싶은 마음이 자리 잡게 된 것 같다. 몇 년 전에 내가 찐따남에서 매력남으로 바뀌기 위해 매주 클럽에 가서 어프로치를 하고 길거리에서 여자 번호를 물어보며 각종 모임 활동을 통해 아름다운 여성들에게 티징을 연습했던 그런 시절의 열정과 에너지가 더 이상 남아 있지 않은 것이다.

내가 주변의 지인들에게 이런 얘길 하면 "네가 그렇게 얘기하면 나는 어떻게 해야 하노? 죽어야 하나?"라는 질문이 돌아오곤 한다. 아무것도 아닌 나 같은 놈도 순진남들의 눈에는 엄청난 연애 고수처럼 느껴지나보다. 인간은 누구나 나약한데 말이다. 그런 지인들과 비슷한 심정을 느낄 독자들에게 대신 대답하고자 한다. 여자 문제로 죽을 필요는 없다. 여러분과 나는 비교적 쉬운 길이라고 할 수 있는 국제결혼을 선택하면 된다. 무조건 한국 여자만을 만나고 싶고 한국에서만 살아야 하는 남성들은 'part 4'를 읽을 필요가 없을 것이다. 그러나 타 국가의 여성들에게 조금이라도 관심이 있는 남성들이라면 어쩌면 이번 파트가 가장 큰 도움이 될 수도 있을 것이다.

이번 파트는 책 안의 책이라는 느낌으로 읽었으면 한다. 한 권의 책 안에 한국 여자 꼬시는 방법(페미니즘 국가의 여성 꼬시는 법)과 그와는 대체로 다른 성향을 가진 외국 여성들과의 연애에 대해서 모두 다루다 보니 독자들이 좀 혼란스러울 수도 있을 테지만 파트별로 각자의 목적에 맞게 활용하면 되겠다. 내가 한 권의 책에 이 모든 내용을 담고자 했던 것은 대한민국 남성들의 이성 고민을 한 권의 책으로 해결해 주고자 하는 바람이 컸기 때문임을 알아 주면 좋겠다.

국제결혼은 생각처럼
어렵지 않다

국제결혼은 많은 사람들이 생각하는 것처럼 그리 어렵지도 않고 대단한 장벽이 있는 것도 아니다. 사람들은 언어의 장벽을 너무나 크게 생각하는 경향이 있는데 우리가 학창시절 배웠던 영어를 너무 문법적으로 공부했다 보니 외국어 자체에 두려움을 가지게 된 게 아닌가 싶다. 외국 여성과 결혼한 한국 남자 중에 아내의 모국어를 잘 구사하지 못하는 사람은 지금껏 단 한 번도 본 적이 없다. 언어를 언어로써 익히는 데에 실패하는 사람은 이 세상에 존재하지 않는다는 말이다.

그동안 우리나라에서의 국제결혼에 대한 인식은 한국에서 여성을 만나지 못하는 대머리 노총각이나 패배자들이 동남아시아에서 여자를 돈 주고 사 오는 매매혼 정도로 취급되곤 했던 것이 사실이다. 그러나 나는 당신에게 국제결혼업체를 통해 외국 여성과 결혼하라고 할 생각이 전혀 없다. 당신이 만나고 싶은 외모를 가진 여성들이 있는 국가를 선택해서 그 나라의 여성들에게 어프로치 하는 것을 추천한다. (어프로치 성애자) 내가 평생을 함께할 반려자를 찾는 일에 다른 사람의 도움은 필요 없다. 남자라면 스스로 개척하고 찾아 나서야 한다. 한국 여자를 만나든지 외국 여자를 만나든지 개척자의 정신을 가지고 도전해야 하는 것이다.

결혼정보업체는 찐따들이나 이용하는 곳이다. 그런 곳을 통해 여자를 만나면 남자의 돈을 보고 위장결혼을 하는 여자나 '계곡 살인마녀' 같은 인성의 여자를 만나게 될 위험이 존재한다는 것을 잊지 말아야 한다!

외국 여자를 만나는 것의 장점

나는 이 세상을 살아가면서 거래가 이루어지는 모든 시장에는 동일한 원리가 작용한다는 것을 느끼곤 한다. 그러니까 주식시장과 같은 금융시장과 부동산 시장 등 기타 모든 재화가 거래되는 시장에는 수요와 공급의 원리가 작동하고 수요나 공급에 불균형이 생기면 언제나 다수의 사람이 패배자가 되는 현상이 일어나게 된다는 것이다.

남녀 관계는 본질적으로 신성한 것이고 아름다운 것이어야 하지만 우리가 살아가는 실제 현실은 결코 아름답지 않기에 얘기하자면 대한민국의 연애 시장은 이미 자산 시장에서 금융 상품이 거래되는 것과 같은 모습을 띠게 된 지 오래다. 여성들의 가치는 전반적으로 거품이 낀 상태로 끝없이 팽창해서 하늘 높이 치솟아 있고 남성의 가치는 한없이 떨어져 있다. 물론 이런 불균형 때문에 극소수 남성들의 가치는 오히려 굉장히 높아져 있지만 말이다. 결국 대다수의 남성들은 금융시장에서 개미가 언제나 패배하듯 연애 시장에서 사실상 패배할 수밖에 없는 입장에 놓여 있는 것이다.

그러나 감사하게도 다른 나라 여성들의 가치는 정상적이다. 대부분의 나라에서 남녀 관계는 우리나라에서의 남녀 관계와는 정반대의 모습을 보인다. 당신이 막연하게 세계 어디를 가도 여성들의 성향은 비슷할 것이라고 지레짐작하며 살아온 사람이라면 지금부터라도 관심을 가지고 외국 여성들의 성향에 대해 알아 가 보면 적잖이 놀라게 될 것이다.

알고리즘의 시대이기 때문에 외국 여성에 대한 관심을 가지기 시작하면 유튜브가 당신에게 필요한 정보들을 알려 줄 것이고 ChatGPT가 다른 나라의 현실에 대해서 신속한 정보를 제공해 줄 것이다. 이런 시대에 더 이상 분수를 모르는 한국 여성들에게만 집착할 필요가 없다.

한국 여자의 외모만이 당신의 스타일이라고? 한국 여자와 똑같은 외모를 가진 중국 여자도 있고 일본 여자도 있다. 기타 다른 아시아 국가의 여성들도 매우 아름답다. 당신이 미디어에서 나오는 중국에 대한 부정적인 내용들에만 길들여져 있을까 봐 노파심에 하는 얘기인데(나도 중국이 좋지는 않다.) 실제로 내게 애정표현을 퍼부었던 중국 여성은 매우 아름다웠다. 한국에서 가장 아름다운 수준의 여성들과 동일한 수준의 외모를 가지고 있는데도 애교도 너무 많았고 사랑스러운 성격까지 지니고 있었다.

당신이 대한민국의 이 불공평한 연애 시장에서 빠져나와 해외 시장으로 눈을 돌려 이상형의 반쪽을 찾으려는 시도를 하는 것은 비트코인 시장에서 김치 프리미엄을 이용해 대박을 쳤던 일부 사람들처럼 당신에게 비대칭적 수익을 가져다줄 것이다. 저평가된 주식을 사서 큰 수익을 얻은 뒤 매도하는 것처럼 당신은 고평가된 한국 여성이라는 주식을 손절하고 저평가된 우량주인 외국 여성이라는 주식으로 갈아타면 되는 것이다.

당신이 한국에서 여자를 도무지 만나기가 힘들어서 생리적인 욕구조차 채워지지 않는 삶을 살고 있다면 스스로에 대해서 열등감만을 가질 것이 아니라 정상적인 성향을 보이고 있는 외국 여성들을 배우자 후보로 진지하게 생각해 볼 때이다. 우리나라 남성들은 마치 학폭 피해자가 '내가 괴롭힘당할 만했으니까 당한 거야'라고 믿게 되는 것처럼 찐따남이 아닌 남성들조차 여성들에게 인기가 없는 것을 자신의 탓으로만 돌리고 있다. 물론 자기 개선의 의지를 가지고 무엇이든 개선시키려 하는 자세는 항상 바람직하고 옳은 것이지만 스스로에 대해서 심하게 자책하는 태도는 언제나 옳지 않다. 당신도 어머니께는 이 세상에서 가장 사랑스럽고 귀한 아들이 아니겠는가?

지금 현재 한국을 비롯하여 미국, 뉴질랜드 등 페미니즘이 심한 나라의 여성들은 정말로 제정신이 아니다. 여성 우월주의라는 정신병이 창궐하여 나라와 사회가 망해 가고 있음에도 이 나라들의 정치인들은 여전히 남녀를 갈라치기하여 자신들의 기득권만을 챙기려 하고 있다. 그러는 사이 남성과 여성들은 서로를 더욱 혐오하게 되고 있는 것이다. 이제 한국과 같은 국가들에서는 여성들을 향한 혐오 범죄들이 갈수록 증가할 수밖에 없을 것이다. 남성들은 사춘기 시절부터 성욕이 왕성해지기에 그때부터는 여자와 섹스를 해야만 하는 존재들이다.

그래서 사실 우리 남성들에게는 결혼을 10대 후반이나 20대 초반에 하는 것이 생리적으로는 가장 알맞을 결정이 될 것이다. 어린 나이에 결혼을 하여 아내와 사랑을 나누며 성욕이라는 부분이 채워진 다음 남자는 가정을 지키면서 더 나은 삶을 가족에게 제공하기 위해 열심히 일을 해 나가야 한다. 그래야 기본적으로 개인과 가정이 행복해지고 사회도 정상적으로 돌아가게 된다. (일부 여성들의 사치스러운 라이프 스타일은 다른 사람들의 희생을 통해서만 이루어진다는 사실을 왜 깨닫지 못하는가?)

그러나 한국 사회는 대다수에게는 결코 필요하지도 않은 대학교육을 너나 할 것 없이 받도록 강요해서(사실상 강요) 대학교를 졸업해도 취업이 되지 않고 어학연수와 여러 가지 스펙을 쌓는 작업을 하고 나면 30대가 훌쩍 넘어가 버리는 사회가 되었고 자산가치가 폭등하여 웬만한 월급으로는 집을 살 엄두도 내지 못하는 삭막한 사회가 되었다. (이러한 현실을 마주하게 된 것은 부와 권력을 가진 자들이 자신들의 드라마틱한 수익만을 쫓아왔기 때문임을 잊지 말자.)

이렇다 보니 대한민국은 현재 전 세계에서 가장 결혼하기 힘든 국가가 되었고 부잣집 아들이 아니면 어린 나이에 결혼하는 것은 불가능에 가까운 국가가 되었다. 이런 현실을 살아가다 보니 남성들은 기본적인 욕구인 성욕조차 충족되지 못하는 삶을 살게 되었고 이러한 분노가 혐오범죄로 나타나고 있는 것이라 본다. (사형제도 찬성)

더군다나 일부(실제로 다수) 여성들은 한국 사회의 현실을 전혀 고려하지 않고 자신들의 이익만 생각하는 이기적인 존재들로 변모해 가고 있으며 남성들에게 무거운 짐을 지우고 자신들은 어떠한 책임도 지지 않으려 하는 속물들로 전락하고 있기에 남성들의 분노를 살 수밖에 없는 것이다. 남성들은 여자친구를 사귀지 못하는 시기에는 성욕으로 인해 고통받을 수밖에 없고 어떻게든 성욕을 해소해 보려고 유흥 업소를 찾아가 보지만 그것도 잠시 잠깐이고… 경제적 여유가 없는 남성들은 집에서 야동이나 보면서 성욕을 해소하는 악순환에 빠지고 있다. 좀 도전적인 남성들은 번화가에 나가서 헌팅을 시도하고 픽업을 배우기도 하지만.

웬만큼 그러한 수완을 발전시킨 남성들이 아니면 언제나 마음에 드는 여성을 만나는 것은 어렵고 한국 여성들은 항상 도가 지나칠 정도로 비싸게 굴기 때문에 짜증이 날 수밖에 없다. 그러나 이 책을 읽는 나의 독자들은 다수의 남성들처럼 여성 혐오자가 될 필요가 없다. 지금부터 남녀 관계에 대해서 현명한 선택을 해 나가기만 하면 된다. 굳이 우리나라 여성들을 혐오하며 시간 낭비를 하지 말자! 외국 여자를 만나고 싶다는 생각이 들었다면 한국의 여성들은 그냥 사람으로만 생각하고 여성으로는 생각하지 않으면 속이 편안해질 것이다. (아니면 스파링 상대로만 생각하는 것도 나쁘지 않다.)

특히나 한국 남성들은 BTS의 전 세계적 인기로 인해서 어느 나라 여성을 만나든지 쉽게 호감을 살 수 있는 현실을 마주하고 있다. BTS와 이민호가 전 세계에 한국 남성의 매력을 알렸기에 나는 진정으로 그들에게 고마운 마음을 가지고 있다. (당신도 진정으로 감사한 마음을 가져야 할 것이다.) 한국에서 한국 여자만 만나 본 남자들은 외국 여성들이 우리에게 얼마나 큰 호감을 가지고 있는지 경험하게 되면 놀라게 될 것이다. 왜냐면 우리는 한국에서 그런 관심을 받아 본 적이 없는 남자들이 대부분이기 때문이다.

　나는 단순한 사고방식을 가진 사람이 아니기 때문에 한국 여자가 아닌 외국 여자는 모두 아름답고 좋은 여자라고 주장하는 것이 아니다. 어떤 바보도 그렇게 생각하지는 않는다. (극소수 바보 제외) 다만 나는 당신이 대다수의 외국 여성들을 경험했을 때 한국 여자보다는 훨씬 낫다고 여기게 될 것이라고 호언장담을 할 수 있다. 왜냐하면 한국이 지금 비정상적으로 여성의 가치가 높아져 있는 사회이기 때문이다. 일부 유럽 국가들이나 미국, 뉴질랜드 같은 나라를 제외한 그 어떤 나라에서도 한국 여성들과 같이 망고 빙수를 10만 원에 사 먹는 얼간이들은 없다.

　외국 여성들은 남녀가 함께 식사를 하면 자기 몫은 자기가 내겠다고 한다. 그리고 이러한 그들의 태도에 한국 남성들은 놀라게 된다. 아니, 그런데 생각해 보자! 자기가 처먹은 것에 대해서 자기가 비용을 내는 것은 당연한 일 아닌가? 물론 나는 여성에게 밥을 사 주는 것을 즐겁게 생각하는 남자이긴 하지만 대부분의 여성들이 남자와 식사를 한 뒤에 당연히 남자가 결제하겠지 하고 카운터에서 뒤로 물러나 기다리는 모습은 너무 꼴 보기 싫다.

　일부 한국 여성들은 이러한 거지 근성을 가지고 있어서 남자에게 얻어먹는 것이 당연한 것이라는 생각을 가지고 있다. 이런 마인드는 매춘부보다도 못한 것이다. 외국 여성들 중에도 이런 거지 근성을 가지고 있는 여성들은 당연히 존재하지만 그들은 적어도 몸이라도 팔려고 한다. 남자에게 얻어먹거나 돈을 받고 싶으면 몸이라도 허락하는 것이다. 오해하지 말라. 매춘을 긍정적으로 생각해서 이런 말을 하는 것이 아니다. 나는 매춘을 절대로 하지 않으며 남들이 뭐라 하든 성매매는 더럽고 찌질한 행동이라고 생각하는 사람이다.

그러나 내가 말하고 싶은 것은 외국에서는 남자에게 의존하려는 의도로 물질적 혜택을 얻고자 하는 여성들은 몸이라도 주려고 한다는 것이다. 적어도 그들은 기브 앤 테이크의 마인드라도 가지고 있지만 일부 한국 여성들은 몸은커녕 가벼운 스킨십도 허용하지 않으면서도 남자에게 얻어먹기만 하는 것이 당연하다고 생각한다는 것이다. 이러한 여성들은 남성들을 너무나 우스운 존재로 생각하고 있는 것이다. 내 주변 지인들만 해도 여성들에게 이런 식으로 호구 잡혀서 살아가는 남성들이 너무나 많다. 그렇다. 일부 한국 여성들은 너무 못돼 처먹었다. 이것이 우리 사회의 현실이다.

이런 사회 분위기 때문에 그동안 우리가 비정상을 정상으로 여기게 된 것이고 여자에게는 당연히 남자가 밥을 사고 돈을 많이 써야 하는 것처럼 세뇌되어 왔던 것이다. 그렇지만 대부분의 외국 여성들은 한국과 같은 페미니즘 사회를 살아가고 있는 것이 아니기 때문에 절대 이런 마인드를 가지고 있지 않다. 우리나라 여성들의 경우 남자가 처음부터 다정하게 행동하고 챙겨 주려고 하면 부담스러움을 느끼며 반감을 가지는 경우가 대부분이다. 특히 자신의 외모가 어느 정도 남자의 관심을 받을 수 있는 수준이 되는 여성들은 자신을 지루하게 만드는 남자에 대해서 상당히 잔인한 태도를 보이곤 한다.

이러한 현실 때문에 내가 스윗남이던 시절에는 여성들에게 사랑을 받지 못했던 것이다. 그렇지만 내가 성향을 완전히 바꿔 여자를 어느 정도 함부로 대하고 짓궂은 농담을 던질 수 있는 남자로 변화하자 너무나 쉽게 매혹적인 여성들과 섹스를 할 수 있었던 것이며 내가 요구하지 않아도 그들이 먼저 내게 매력을 느끼는 말도 안 되는 일들이 벌어졌던 것이다. 그런 내가 외국 여성들을 경험하면서 한국에서의 이러한 나의 이성 경험들이 너무나 신기한 현상이라는 생각을 하게 되었다. 외국과 대한민국의 연애 시장에서의 모습이 완전히 정반대의 양상을 보이고 있다는 것에 놀라게 된 것이다.

한국에서는 좀 단순하게 표현해서 남자가 좀 싸가지가 없거나 이기적인 느낌이 있어야 여성들이 매력을 느끼는데 외국에서는 남자가 다정하고 진정성이 있으면 매력을 느끼는 상황이 적지 않은 것이다. 아무리 국가가 다르고 인종이 다르다고 해도 우리는 똑같은 사람인데 어떻게 이렇게나 남녀가 매력을 느끼게 되는 본질이 다를 수 있을까?

앞서 나는 연애 강의에서 진화론을 늘어놓는 강사들을 저격했었는데 이들의 주장에 따르면 외국 여성들만 진화론의 영향을 받지 않고 한국 및 페미니즘 국가의 여성들만 진화론적인 심리를 가지고 있다는 것인가? 이러한 싸구려 진화심리학과 레드필 이론 등은 우리나라 미국과 같은 페미니즘 국가에서만 적용된다는 말인가? 당신은 이 문제에 대해서 진지하게 생각해 보아야 한다. 순진하고 외로움에 지친 남성들에게 소수의 장사꾼들이 이러한 심리학 이론들을 사용해 사기를 치고 있다는 사실을 깨달아야 한다. 나는 솔직히 앤드류 테이트라는 인물도 좋아하지 않는다.

물론 그가 보이는 행보가 남자답고 멋지다는 생각을 할 때도 있지만 웹캠 사업으로 순진남 남성들을 호구 잡아 돈을 벌고 그러한 방식의 비즈니스 모델을 다시 강의로 재판매해서 어마어마한 부를 일군 사람이 순진남들에게 알파메일이 되라고 외친다고? 당신은 그 어떤 누구라도 그 사람이 하는 말이 아니라 그 사람의 행동을 보고 평가해야 한다. 내가 이러한 연애책을 쓰고 난 뒤 유튜브를 통해 58만 원짜리 연애 유료 강의를 판매한다면 당신은 나를 진정성 있는 작가로 볼 것이 아니라 돈에 미친 장사꾼으로 취급해야 한다.

본론으로 돌아와서 어느 나라에나 나쁜 남자 전략이 통하는 문란하고 못된 여성들이 있다. 극성스러운 한국 여성들과 비슷한 성향을 가진 여성들은 어느 나라에나 꽤 존재하기에 그런 여성들에게는 한국 여자를 대하듯이 나쁜 남자 스타일로 대해야 이성적인 매력을 전달하게 되는 것은 사실이다. 못된 여자가 착한 남자와 사귀는 경우가 얼마나 되던가? 결국 끼리끼리 어울리게 되는 것이 인생이다. 그렇지만 외국 여성들 중에는 못된 여성들의 비율이 우리나라만큼 높지 않다는 사실을 알아야 한다.

가까운 나라인 일본의 여성들만 해도 남자가 다정하고 진정성이 있으면 매력을 느끼는 여성들이 상당히 많다. 물론 국적을 불문하고 남자는 남자다워야 매력이 있고 여자를 다스릴 수 있어야 매력이 있는 것은 진리이지만 한국 여성들과 일본 여성들이 남자에게 매력을 느끼는 디테일은 정말로 다르다.

많은 외국 여성들이 자국의 남성들이 다정하지 않고 교제를 해도 바람을 너무나 많이 피우며 언제나 술 마시고 놀기만 하는 남성들에게 지쳐서 더 이상 자국의 남성을 만나지 않으려 하고 있다. 내가 실제로 연락하고 지냈던 일본과 유럽, 남미의 여성들의 대부분이 자국 남성에 대해서 이러한 생각을 표현했었다. 그러나 아이러니하게도 우리나라에서는 외국 여성들이 질려 하는 성향을 가진 나쁜 남성들이 나름의 인기가 있다는 것을 느낄 수 있었다. 물론 나는 모든 것을 일반화하고 싶지는 않지만 대체로 그렇다는 얘기를 하고 싶은 것이다.

왜 한국과 외국의 남녀 관계가 이렇게 차이가 나게 되었는지 생각해 보면 매력이라는 것은 언제나 희소한 것에 반응한다는 속성을 가지고 있기 때문에 우리가 길을 가다가 무심코 스포츠카를 쳐다보게 되는 것은 그 차가 평범한 사람들이 탈 수 있는 차가 아니기 때문이고 극소수로 존재하는 희소한 차이기 때문에 관심을 가지게 되는 것이다. 이렇듯 매력이라는 것은 쉽게 얻을 수 없는 것에 대해 발생한다는 사실을 알 수 있다. 이런 매력의 속성을 생각해 보면 한국 남성들은 여성을 너무 어렵게 생각하고 여자의 비위를 맞춰야 한다고 생각하며 다정함을 무기로 접근하려고 하다 보니 여성들은 이런 남성들이 사회 전반에 너무나 많기도 하고 지루하게 느껴져서 그들에게 연애 감정을 느끼지 못하게 되는 것이다.

즉 다수의 남성들은 어디에나 존재하는 대중적인 평범남들로 인식되는 것이다. 그러나 나쁜 놈들이 대부분인 외국에서는 한국 남자처럼 열정이 있고 진정성이 있으며 사랑꾼의 성향을 가진 남자를 겪게 되면 여성들은 "어랏? 이런 남자는 겪어 본 적이 없는데 무척이나 매력이 있어. 이 남자는 여자를 되게 존중하네. 너무 좋다"(희소함)라는 생각을 가지게 되는 것이다. 사실 우리가 이성에게 느끼는 매력은 상당히 원초적인 부분에서 결정된다. 흔히들 남성들만 여성의 외모에 집착하고 여성들은 남성의 외모에 별로 관심이 없는 것처럼 생각하곤 하는데 나는 절대로 그렇게 생각하지 않는다. 여성들이 남성들처럼 외모만을 중시하지 않을 수는 있으나 여성들에게 있어서도 남자의 외모는 상당히 강력한 영향을 끼치며 때로는 남녀 관계에서 거의 모든 것이라고 할 수도 있을 만큼 중요한 것이다.

그렇지만 미모의 외국 여성과 결혼한 한국 남성 중 외모가 우리 한국 사회의 기준으로 볼 때 정말 보잘것없는 남자들도 많다. 그렇지만 외국 여성들은 그러한 남편의 외모가 아주 귀엽다고 표현을 하곤 한다. 이는 사실 당연한 것이다. 외모를 그렇게나 따지는 당신과 나도 이성의 외모를 볼 때 완벽한 외모를 가진 여성에게만 매력을 느끼는 것은 아니다. 그저 자신의 취향에 조금이라도 걸맞은 이성을 보면 대게는 매력을 느끼게 된다. 사실 현실에서 모델과 같은 외모를 가진 이성에게 호감을 가지는 사람은 많지 않다. 나부터가 완벽한 모델 같은 외모보다는 내가 좋아하는 몸매와 생김새를 가진 자연스러운 미인형을 더 선호하게 된다. 그런 여자가 더욱 섹시하게 느껴지며 사랑스러운 것이다.

그렇기에 외국 여자들이 BTS를 좋아한다고 해서 나도 BTS의 진이나 뷔처럼 압도적으로 잘생겨야만 인기가 있을 것이라고 생각하는 것은 대단한 착각이다. 어찌 됐든 당신의 외모가 객관적으로 얼마나 잘생겼냐와 상관없이 당신이 될 수 있는 최고의 외모 버전을 만들어 나간다면 외국 여성들은 당신에게 매력을 느끼게 될 것이다. 그리고 그동안 한국에서 그토록 당신을 매력 없는 남자로 만들었던 그 진정성이 외국 여성들의 마음에는 엄청난 감동으로 다가서게 될 것이다.

일본 여성들의 특징

　내가 외국 여성에 대해서 관심을 가지게 된 계기는 우연히 한국에 여행을 왔다가 내게 길을 물어보았던 귀여운 16살 연하의 일본 여성과 연락을 하고 지내게 되면서부터였다. 이 여성과 오랜 시간 연락을 주고받으면서 여러 차례 나에게 호감이 있다는 것을 느꼈었지만 일본 여자와의 결혼은 생각해 본 적도 없었기에 그저 귀여운 여자 동생 정도로만 생각했었다.

　그리고 이 여자애가 특별히 내게 호감이 있어서 이렇게 상냥하고 좋은 성격을 보이는 것이지 다른 일본 여성들도 이러한 성향을 가지고 있을 것이라고는 생각하지 못했었다. 왜냐하면 나도 한국에서 한국 여자들만 경험을 했다 보니 여자는 원래 대부분 까탈스럽고 눈이 높으며 기고만장한 존재라는 인식이 뇌리에 박혀 있었기 때문이다. 그러나 최근 몇 년 동안 유튜브 영상을 통해 일본 여성과 결혼한 남성들의 결혼 생활에 대해 간접적으로나마 알게 되어 충격을 받을 수밖에 없었는데 영상에서 보이는 모습은 어느 정도 연출된 모습인 것을 잘 알지만 일본 여성들의 표정을 보고는 놀라지 않을 수가 없었다.

도저히 가식으로는 지을 수 없는 해맑은 표정으로 웃는 것을 보고는 '우리나라에서 아름다운 외모를 가진 여성들 중 저런 순수한 미소를 간직하고 있는 사람들이 과연 몇이나 될까?' 하는 생각부터 들었기 때문이다. 이러한 일본 여성들의 여성스럽고 친절한 성향이 진실된 모습인지가 너무나 궁금했기에 행동파인 나는 주머니를 털어 일본 여행부터 떠나서 일본 여성들과 직접 대화를 나누어 보았다. 미디어에서 보았던 여성스러운 일본 여성들의 성향은 특정인에게만 국한되는 모습이 아닌 대다수 여성들의 성향임을 느낄 수 있었다.

유튜버들이 조회수를 빨기 위해 연출한 모습일 것이라고 생각했던 일본 여성들의 친절한 성향이 그녀들의 실제 모습이라는 사실을 깨닫게 된 것이다. 일본 여성들 중에는 여성스럽고 상냥한 성향을 가진 사람들이 굉장히 많다. 내가 이런 말을 하면 언제나 등장하는 사람들이 있다. 그들은 "그건 사람마다 달라요. 일본 여자라고 다 상냥한 건 아니에요. 제가 일본에서 살던 시절 어쩌구…"와 같은 말들을 하곤 한다. 특히나 일본 여성에 대한 환상을 깨라고 말하는 유튜버나 BJ들이 많은데 나는 그들이 정말 짜증 나는 것이 그들은 대중을 바보로 안다. 이 세상에는 어리석은 사람도 많지만 뛰어난 판단력을 가진 사람들도 정말 많다. 모두가 하나같이 '일본 여성 = 순종적이고 존예'라고 착각을 하며 살아가는 것은 아닐 텐데 자신들만이 진리를 알고 있는 것마냥 거들먹거리면서 일본의 현실을 알려 준다고 하면서 어그로를 끈다.

한국에서 여자 하나 만나지 못해 괴로워하며 살아가는 남성들의 마지막 희망마저 짓밟아버려 새로운 도전이나 시도조차 하지 못하게끔 하는 인플루언서들의 말들은 무시하길 바란다. 우리가 사는 세상은 주변 환경과 상황에 따라 많은 사람들이 서로 영향을 주고받는 과정에서 공통된 특성을 띠게 되는 곳이다. 전라도 사람들과 경상도 사람들의 운전하는 성향은 완전히 다르다. 대한민국 사람 중에 이 사실을 부정할 사람은 없을 것이다.

주변 사람들에게 영향을 받으며 살아갈 수밖에 없는 인간이기에 대중들은 대체로 공통된 속성을 띠게 되는데 한국 사회와 일본 사회의 분위기 자체가 다르기 때문에 여성들의 성향 또한 완전히 다르게 형성되고 있다는 사실을 깨달아야 한다. 내가 좋아하는 썩은 귤 상자 비유로 얘기하자면 한국이라는 썩은 귤 박스 안에 있는 여성들은 다른 썩은 귤들의 영향을 받아 같이 썩어 버리기가 쉬운 데 반해 일본의 귤 박스는 아직 썩지 않은 것이라고 할 수 있겠다.

한국 여성과 일본 여성들의 성향이 이토록 차이가 나게 된 것은 결코 우연히 나타나는 현상이 아닌 것이다. 마치 유년 시절 부모에게 사랑받지 못하고 이혼가정에서 자라난 아이들이 불량 청소년이 되고 성인이 되면 범죄를 저지를 가능성이 매우 높아지는 것처럼 여성 우월주의에 빠져 사회가 망해 가는 것을 인지조차 하지 못하고 있는 한심한 사회에서 자라나고 살아가는 여성들의 성향이 바람직하지 못하게 형성되는 것은 놀랄 일이 아니다.

여성들이 남자를 대하는 성향은 마치 가정에서 어떠한 가정교육을 받고 자랐는지에 따라 한 사람의 인성이 형성되는 것과도 같이 그 나라의 사회적 분위기에 따라 공통적으로 형성되는 경우가 대부분인 것이다. 대부분의 한국인들이 주어진 교육 시스템 안에서 사회가 강요하는 사고방식에 너무나 쉽게 세뇌되고 그 틀 안에서만 사고하는 사람으로 길러지기 때문에(물론 이는 일본도 마찬가지. 다만 좀 더 남성들에게 유리한 방식으로 세뇌된다는 차이가 있을 뿐) 그동안 우리는 한국인은 한국 여자만 만나야 한다는 고정관념에 갇혀 살아왔던 것이다. 그러나 당신과 나의 목표는 이상형의 여자를 만나서 사랑을 나누며 행복하게 잘 사는 것이기에 여성의 국적과 상관없이 그 목표를 이루기만 하면 된다. 그리고 만약 한국에서 원하는 여성과의 연애에 성공할 수 있는 수준의 남자가 이 책을 읽고 외국 여성들로 눈을 돌리게 되는 것은 마치 헤비급의 격투기 선수가 감량을 통해 경량급에서 경기를 가지는 것과 같이 남녀 관계에 있어서 엄청난 유리함을 얻을 수 있는 선택을 하는 것이라고 할 수 있겠다.

우리는 완벽한 이상형의 외모를 가진 데다가 선한 인성까지 갖춘 외국 여자와 얼마든지 결혼할 수 있다. 심지어 당신의 나이가 몇 살인지도 상관이 없다. 나이 따지는 것은 한국 여자들이나 하는 짓이기 때문이다. 그렇기에 더 이상 기울어진 운동장인 한국에서만 여성을 만나려고 집착할 필요가 없는 것이다.

일본 남자들은 정말 별로다

요즘에는 일본에서도 한국 남자의 인기가 대단하다고 한다. 그럴 수밖에 없는 것이 한류를 통해 일본에 한국 남자들의 매력이 알려졌는데 우리와 비교해 일본 남자들은 대체로 매력이 부족한 것이 사실이다. 현재의 일본 남성들은 대부분 체격도 왜소하고 남성미가 부족한 초식남들이며 여성들에게 열정적이지도 않고 다정하지도 않다. 그래서 일본 여성들은 나이가 많더라도 자신에게 안정감을 선사해 줄 수 있는 나이 많은 남성들을 선호하는 경향마저 있다고 한다. 이는 일본 사회가 여성의 사회 진출에 어느 정도 제동을 걸어 놓았기 때문에 일어날 수 있는 아주 바람직한 현상이다. (한국 남자 입장에서^^)

일본 영화를 보면 멋진 남자 주인공이 여자에게 관심 없는 척 시크하게 행동하며 똥폼만 잡는 것을 본 적이 있을 것이다. 그런 성향은 영화로 보면 멋있을지 몰라도 실제 현실에서는 여성에게 절대 인기 있을 수가 없다. 아름다운 여성들은 자신에게 관심이 오지 않으면 그 남자에 대해서 아예 신경을 꺼 버리기 때문이다. 일본 남성들은 사실 한국 남자와 경쟁이 안 될 정도로 경쟁력이 떨어진다. 내가 이렇게 일본 여성들의 장점과 일본 남성들의 단점에 대해서만 얘기하면 너무 치우친 주장을 하는 것이 아니냐고 거부감을 느낄 사람들도 있을 것을 안다.

일본 여성들의 단점

그렇기에 먼저 일본 여성들의 단점에 대해서 언급부터 해 보겠다. (장점을 늘어놓기 위한 꼼수) 내가 경험한 일본 여성들의 단점을 얘기하자면 대부분의 사람들이 알고 있는 것처럼 그들은 개인주의 성향이 강해서 남자의 연락에 답장을 늦게 한다. 남녀를 떠나 프라이버시를 중시하고 남에게 폐를 끼치지 않으려 하는 문화이다 보니 자주 연락을 주고받지 않는 성향을 가지고 있는 것이다. 그러나 우리나라 여자들이 답장을 늦게 하는 것과 똑같이 생각해서는 안 된다.

우리나라는 이미 남녀 할 것 없이 하루 종일 연락하는 것이 사회적 문화로 자리 잡혀 있고 이는 연애하는 상대에 대한 매너로 여겨지고 있기 때문에 연락이 늦게 오는 이성은 어딘가 좀 의심쩍은 사람이라고 생각하게 되기 마련이다. 실제로 연락을 잘 하지 않는 사람들 중에 바람을 피우는 사람이 많은 현실을 알고 있기 때문에 우리는 이러한 연락의 빈도에 상당히 집착하게 된다. 그리고 대부분의 아름다운 한국 여성들은 수많은 남자와 카톡을 주고받으며 갑의 입장에서 남자를 대하기 때문에 자기가 심심하거나 편할 때만 후순위의 남성들에게 카톡을 보내곤 한다.

어쨌든 일본 사회는 남녀 할 것 없이 원래 교제를 해도 연락을 그렇게 자주 하지 않는 문화이기 때문에 여자가 답장이 늦다고 해서 나에게 관심이 없거나 바람을 피우고 있을 것이라고 단정 지어 버리는 것은 한국 남자들의 착각일 가능성이 크다. (더군다나 직장에서 일할 때는 아예 휴대폰을 확인하지 않는 사회다.) 나를 굉장히 좋아하면서도 답장이 느릴 수가 있는 것이 일본 여성이다. 내가 만났던 일본 여성은 답장이 늦었지만 언제나 나에게 호감을 표현해 주고 좋은 감정을 가지고 있는 것을 항상 느끼게 해 주었다. (우리 엄마도 연락이 늦게 올 때가 있지만 나를 매우 사랑하신다.) 당신이 연락의 빈도에 집착만 하지 않는다면 연락이 늦는 것은 큰 단점이 되지 않을 수도 있을 것이다. 그리고 특히 한국 사람들의 정서상 일본 사람들이 겉과 속이 다르다는 점에 대해서 상당히 부정적으로 인식하며 위선자들로 매도하는 경향이 있는데 나는 이러한 주장들에 결코 동의하지 않는다. 물론 나도 정치인들의 위선적인 행보에는 굉장한 반감을 가지는 사람이지만 사회를 살아가면서 만나는 사람들을 보면서는 서로 예의를 지키는 것이 굉장히 중요하다고 생각한다.

한국인들은 처음 보는 사람에게도 갑자기 조언을 하거나 주제넘게 훈계조로 말하는 경우가 꽤 있다. 나는 이러한 태도는 굉장히 무례한 것이라 생각한다. 내가 연애에 대한 책을 썼다고 해서 개인적으로 직접 만나는 사람들에게 함부로 연애 조언을 하거나 너는 이렇게 해야 된다고 결코 말하지 않는다. 왜냐하면 그것은 굉장히 예의 없고 오만방자한 행동이기 때문이다. 나는 이러한 가치관을 가지고 있기에 일본 사람들처럼 상대의 앞에서 상대의 면을 세워 주기 위해 지나칠 정도로 예의 바르게 행동하는 것에 대해서 매우 긍정적으로 여기며 무례함을 겉으로는 견디고 뒤에서 그 부분에 대해서 욕을 하거나 관계를 끊어 버린다고 해서 위선자라고 생각하기보다는 상대를 그렇게나 곤란하게 만드는 사람에게 오히려 문제가 있다고 생각한다. 내가 실제로 알고 지냈던 일본 사람들 중에는 내가 선의를 갖고 대하는데도 나를 욕거나 이용하는 그런 사람은 존재하지 않았었다.

그렇기에 나는 일본 여성들이 마음을 쉽게 열지 않는 듯 보이고 속을 알 수 없는 그런 성향이 나쁘게 여겨진다기보다는 오히려 순수하게 느껴지기까지 한다. 솔직히 한국 여자들은 화끈해서 만나자마자 성관계를 가지고 스킨십을 나누기에는 좋겠지만 결혼할 여자와 그런 식으로 관계를 진행하고 싶지는 않은 것이 나의 솔직한 심정이다. 어쨌든 연락이 늦고 속을 알 수 없어 보이는 그런 면들 말고는 일본 여성들의 단점이 딱히 생각나지 않는다. 그래서 좋은 점에 대해 계속 얘기해 볼까 한다.

일본 여성들은 우리나라와 비교해서 정말 나이에 대해서 관대하다. 사실 남자의 나이를 중요하게 생각하고 단순히 나이만 듣고 거절을 하는 여성들은 대한민국에만 존재한다고 생각한다. 내가 경험한 20대 초반의 일본 여성들은 나에게 나이 많은 남자에 대한 동경이 있음을 표현했다. 자신보다 인생을 오래 산 남자를 우러러보고 존중하는 경향을 가지고 있는 것이다. 한국처럼 인스타에 가슴과 엉덩이를 노출하기만 하면 부를 획득할 수 있는 사회가 아니고 우익화된 사회 분위기 속에서 페미니즘이 박멸되었기에 일본 여성들은 비교적 순종적이며 남자들을 대우할 줄 아는 경향을 띠고 있는 경우가 대부분이다. 그리고 자유분방한 성 문화를 가지고 있는 것이 사실이지만 20대 중반만 되어도 결혼에 대한 압박을 받기에 어리고 예쁜 엄마가 되고자 하는 꿈을 가진 여성들마저 꽤 존재하는 국가이고 결혼해서는 가정에 충실해야 한다는 의무감을 가지는 여성이 대부분이다. 개인적으로 아주 큰 장점으로 생각하는 점이다.

또한, 처음 보는 남자가 다가가 말을 걸었을 때의 반응이 굉장히 호의적이라는 것 또한 큰 장점이다. 그들은 예의를 중시하는 문화를 살아가기에 한국 여성들처럼 싸가지 없게 행동하지 않고 소개팅 문화가 없기에 헌팅에 대해서 그다지 나쁜 인식을 가지고 있지 않다. 사실 한국 사회가 특이한 것이 성적으로 개방적이고 문란하면서도 아직도 선비 같은 인식을 가진 여성들이 많다는 것이다. 그리고 대부분의 여성들이 내로남불의 성향을 탑재하고 있어서 자신이 클럽에 가는 것은 파티를 즐기러 가는 것이지만 클럽에 온 모든 남성은 원나잇을 즐기러 온 가벼운 남자라고 생각하곤 한다. (팩트는 도긴개긴)

일본에 여행을 가 본 분들은 다들 느껴 봤겠지만 싸가지 없는 일본 남자는 있어도 여성들은 대체로 매우 친절하다. 편의점, 음식점 점원분들만 해도 아름답고 여성스러우면서도 상당히 친절하다. 그리고 정말 마음이 혹하게 만드는 아름다운 분들이 많다. 또한 일본 여성들은 옷도 치마를 주로 입으며 굉장히 여성스러운 스타일로 입는다. 한국 여성들처럼 과하게 노출을 하거나 레깅스를 입고 매춘부처럼 돌아다니는 여자는 찾아보기 힘들지만 대체로 아름답고 개성 있게 옷을 입는 여성들이 많다. 우리나라에 일본 AV가 너무 많이 보급(?)되어 있어서 일본 여성들이 다 AV 배우 같은 성향을 보일 것이라고 착각하는 일부 찐따남들이 있긴 하지만 정상적인 남성이라면 모든 여성이 AV 배우와 같은 성향을 가지고 있을 것이라고 여기지는 않을 것이라고 본다. 한국 여성이라고 모두가 인스타에 가슴과 엉덩이를 노출하지는 않는 것처럼 말이다.

게다가 한국 여성들처럼 조건을 심하게 따지지 않고 사랑하면 다 Okay라는 생각을 가진 여성이 상당히 많은 것이 가장 좋은 점이다. 당신이 일본의 사회 배경에 대해서 잘 모른다면 "에이, 무슨 대부분의 일본 여성들이 그럴까. 그런 여성들만 보고 하는 얘기겠지" 하고 착각할 수가 있는데 일본 여성들이 이러한 성향을 띄게 된 것은 우연이 아니다. 그리고 당신은 모든 일본 여성을 사귀어야 하는 것이 아니라 당신을 좋아해 주는 단 한 명의 이상형의 여자를 만나기만 하면 된다는 사실을 항상 잊지 말기를 바란다.

일본 여성은 왜 다를까?

일본도 1980년대쯤 페미니즘 운동이 극성을 부렸던 적이 있었다. 어느 나라나 그렇겠지만 페미니즘은 처음에는 여성의 인권에 대해서 얘기하는 것으로 시작했다가 시간이 지나면 분수를 모르는 여성 우월주의로 변질된다. 그렇게 일본의 경제가 엄청난 호황을 누리면서 자산에 거품이 끼는 시기와 페미니즘 운동이 겹쳐지다 보니 일본의 여성들은 현재 한국의 여성들처럼 사치스러운 라이프 스타일을 즐기며 결혼을 우습게 여기는 막장녀의 모습들을 보이게 되었었다. 그러자 일본의 대다수 남성들은 여자 만나기가 너무 어렵고 귀찮게 느껴져 집에 박혀서 게임이나 하고 오타쿠가 되는 선택을 하게 되었다. 한국 남성들이라면 픽업을 배워서 핫플에 가서 여자를 정복하기 위해 열심히 노력할 텐데 일본 남성들은 역시 우리와는 성향 자체가 다르다. 사회가 이렇게 돌아가자 일본 여성들은 남자를 만나기가 어려워졌고 그 결과 페미니즘은 스스로 무너지기 시작했다. 수요와 공급의 원리가 적용되는 시장에서 공급이 중단되자 수요만이 폭증해 남성들의 가치가 폭등하게 된 것이라고 설명할 수 있겠다. 어린 여성들은 나이 많은 여성들이 남자를 만나지 못하고 노처녀로 늙어 가게 되는 처참한 말로를 보고는 언니들처럼 살지 않을 것이라는 다짐과 함께 정신을 차리고 남자의 선택을 받기 위해 여성성을 회복하려는 노력을 하기 시작하였다. (이것을 '여자력'이라 칭한다.)

그리고 우익 사회인 일본은 경제가 망하고 나서부터 국가 정책 차원에서 남성을 위주로 하는 사회를 만들고자 노력하여 대다수 남성들이 취업하고 가정을 꾸릴 수 있도록 기반을 만들어 주게 되면서 여성들의 성향은 더더욱 남자를 의지하고 남자에게 잘 보이려는 쪽으로 변화하게 되었다. 바로 옆 나라인데도 우리와는 이 정도로 다른 남녀 관계의 모습을 띠고 있는 것을 보고 한국 남성들은 깨달아야만 한다. 그동안 우리가 모든 것이 부족하고 잘못되었기 때문에 이상형과 연애하지 못했던 것이 아니라 비정상적인 사회 분위기 때문에 한국 여성들이 분수를 모르게 된 결과로 남성들이 찬밥 대우를 받을 수밖에 없었던 것이다. 이제 한국 사회도 일본의 사례처럼 여성 우월주의가 무너지는 시기를 반드시 겪어야만 한다.

당신은 일본에서 전혀 잘생기지 않은 남자 호스트가 막대한 돈을 벌어들이고 있다는 기사를 본 적이 있을 것이다. 이런 일이 가능한 사회적 배경은 일본 남성들은 우리나라 남성들처럼 여성들에게 다정하거나 헌신하는 성향을 가지고 있지 않기에 호스트에 방문한 여성들은 호스트가 자신에게 일반 남성들이 주지 못하는 서비스 정신을 보이는 것에 감동하며 큰돈을 쓰고 집착을 하게 된다고 한다. 이런 사실을 듣고 느끼는 점이 없는가? 대부분의 한국 남자는 한국 사회를 살아가면서 이미 여성과의 관계에 있어서 훈련되어 있다. 우리는 돈을 받고 서비스 정신을 펼치는 찐따 호스트가 될 생각은 없지만 내가 사랑하는 여자를 만족시켜 주는 것에 있어서 한국 남자들만큼 특화된 종족은 없다. 한국에서 하던 대로 일본 여성들을 대하면 그녀들은 무조건 감동하게 되어 있기 때문이다.

여기까지 얘기했으면 한국 사회에서는 어쩌면 미운 오리 새끼 대접을 받았을 수도 있는 당신이 사실 알고 보면 백조라는 사실을 깨닫길 바란다. 한국 사회라는 굴레에서 벗어나기만 해도 전 세계적으로 엄청난 인기를 얻을 수 있다는 것을 꼭 경험으로 느껴 보기 바란다. 누군가의 조언보다는 당신 스스로 체험하는 것이 항상 제일 중요하니까 말이다.

일본 여성들의 아름다움

일본 여성들에 대해서 길게 언급하는 이유는 내가 개인적으로 매우 사랑스럽게 여기는 것이 일본 여성들이기 때문이다. 일본 여성들의 외모는 한국 여자와 사실상 동일하면서도 더욱 여성스럽고 사랑스럽다. 일본을 여행하다 보면 아름다운 여성들이 도도한 표정으로 무표정하게 지나가기에 말 걸기 힘든 포스를 느끼게 되기도 하지만 한국에서 여성들을 매혹시키기 위해서 노력을 해 본 남자라면 일본에서 연애에 실패하게 될 리는 없을 것이라고 생각한다.

일본 여성들은 대체로 피부가 하얗고 가슴이 크다. 간혹 피부색이 커피색인 여성들은 혼혈 외모를 가지고 있어서 매우 아름다우면서도 섹시하다. 한국 여성들처럼 체격이 크지는 않지만 정말로 여성스러운 분위기와 상냥함을 가지고 있어서 엄청난 매력을 지니고 있다. 내가 남자의 남성성을 강조해 왔듯이 여성의 여성성 또한 엄청난 매력이라는 사실을 부인할 수 있는 남자는 없을 것이다. 개인적으로 한국 여성들의 외모가 전 세계에서 가장 아름다운 수준이라고 생각을 하는데 일본 여성들 역시 한국과 비슷한 외모를 가진 데다가 여성스러운 성향까지 가지고 있어서 동일한 수준의 외모를 보고도 일본 여성에게 훨씬 더 큰 성적 매력을 느끼게 되는 것 같다.

남미 여성 특징

 남미 여성들 같은 경우는 상당히 열정적인 성향들을 가지고 있고 성적인 부분에서 매우 솔직한 것이 특징이다. 특히 이 여성들은 남자를 전혀 까탈스럽게 따지지 않는다. 한국 남자 입장에서는 솔직히 너무 쉽게 느껴져서 미안할 정도이다. 사랑하고 끌리면 끝나는 것이 라틴계의 여자들인 것이다. 이들은 물질적인 부에 집착하지 않으며 좋으면 먼저 대시를 하거나 확실히 티를 내는 화끈함을 가지고 있다.

 액면가만 보고 마음에 들면 나이 차이를 거의 신경 쓰지 않아서 수십 년의 나이 차이가 있어도 신경 쓰지 않는 여자들도 많다. 정말 우리 입장에서는 충격적일 정도로 장점이 많은 남미 여성들이다. 그리고 무엇보다 검게 그을린 섹시한 피부와 글래머러스한 몸매⋯ 한국 여성들에게서는 좀처럼 찾아보기 힘든 굉장히 강력한 매력을 지닌 여성들이 많다. 흔히들 남미 여성은 다 문란한 것처럼 생각하곤 하는데 어느 나라나 다양한 사람들이 존재한다. 당신이 남미에 여행을 가서 외국인 관광객들이 성매매를 하는 장소나 기웃거린다면 환상적인 몸매는 가졌지만 매춘부 짓을 하는 여자밖에는 만날 수 없을 것이다.

그리고 극단적인 경우에는 끝내주는 몸매의 남미 여자와 섹스를 하려다가 마약에 중독되어 심각한 범죄에 노출되거나 목숨을 잃는 경우도 발생하게 될 것이다. 한국에서나 외국에서나 클럽에 다니고 파티를 좋아하는 여성들은 문란하고 위험하기까지 하다. 그런 장소에서 만난 여성이라고 100% 다 그렇다고 속단하는 것은 아니지만 그럴 가능성이 매우 높은 것은 사실이다.

그러나 한국 사람들의 남미 여성들에 대한 인식과는 다르게 내가 연락하고 지내던 페루의 여자애는 23세의 대학생인데 자기 커리어를 위해 열심히 공부하고 파티를 좋아하지 않으며 그림을 그리는 취미를 가지고 있으나 몸매는 매우 글래머러스했고 얼굴도 매우 아름다웠다. 현지 페루 남자들과는 이야기도 잘 하지 않을 정도로 내성적이지만 한류로 인해서 한국 남자를 만나 결혼할 것을 기대하며 살고 있는 여자아이였다. 나는 이 친구가 사랑스럽게 느껴졌었지만 일본 여성들을 만나고 싶기도 했고 부담스럽게 결혼에 대한 얘기를 너무 진지하게 해서 미안하지만 연락을 차단할 수밖에 없었다.

페루뿐만 아니라 브라질이나 콜롬비아의 여성들도 매우 한국 남자를 좋아한다고 한다. 현지에서는 한국 남자는 절대 가만두지 않는 수준이라고 한다. 동양인 남자의 외모가 그 여성들의 눈에는 매우 귀엽게 느껴진다나…. 이렇듯 남미 여성들은 아직까지도 너무나 순수하고 순박하다. 당신이 나이가 많은 남자라면 한국에서는 원하는 외모의 어린 여자는 꿈도 꾸지 못할 것이나 남미에서는 나이와 상관없이 어떤 외모의 여성도 충분히 만날 수 있을 것이다.

상식적인 부분이지만 이러한 생각을 하지 못할 남성들을 위해 한 가지 알려 주고 싶은 것이 있는데 잘사는 나라의 잘사는 지역의 여성들은 대체로 까탈스러워서 좋은 배우자감이 되지 못하는 경우가 많다. 그럴 수밖에 없는 것이 페미니즘은 둘째로 치더라도 어릴 적부터 풍족한 환경에서 더우면 시원한 에어컨 바람 속에서 추우면 따뜻한 환경에서 온실 속 화초처럼 자란 데다가 어떠한 고생도 해 보지 않고 원하는 것들을 다 누리며 살아온 여자의 인격이 성숙하기는 어려울 것이다.

우리나라만 해도 시골 여성과 수도권에 거주하는 여성들의 성향은 엄청난 차이를 보인다. 확실히 너무 풍족하거나 삭막하지 않은 지역에서 자라난 여성들이 훨씬 착하고 이해심도 깊다. 한국에 여행을 오는 외국 여성들을 관찰하다 보면 아시아에서 경제적으로 풍족한 환경에서 자라난 여성들은 자신이 조금만 이뻐도 지나치게 도도한 태도를 보이고 남자를 우습게 아는 것 같은 느낌을 풍긴다.

남자에게 지지 않으려 하는 모습을 보이는 그런 여성들은 당신에게 절대 좋은 배우자가 될 수 없을 것이다. 그러나 남미 여성들이 그렇듯이 가난한 나라의 여성들이나 일본처럼 나라는 선진국이라도 국민이 가난한 나라의 여성들은 대체로 배려심이 깊고 배우자로 삼기에 적합한 선한 성향을 보인다는 사실을 꼭 기억했으면 한다. 당신이 만약 남미 여성들에게 관심이 있다면 페이스북에 한국에 관심이 많은 남미 사람들의 그룹이 있으니 가입을 해서 마음에 드는 여성들에게 메시지를 보내라. 친절히 답장이 오는 여성들이 많으니 남미 여자친구를 사귀는 것은 어렵지 않을 것이다. 그리고 아예 남미로 이민을 가서 사는 결정을 내린다면 상대적으로 너무나 쉽게 섹시한 몸매를 가진 여성을 차지하고 결혼하여 행복하게 살아갈 수 있을 것이다. (이 책의 내용을 실천한다면!)

러시아계 여자 특징

전 세계에서 가장 예쁜 여자들이라는 평가를 듣는 것이 러시아계 여자들이다. 러시아 여자들은 미모가 상당히 아름답고 엘프 같은 느낌이 난다. 그리고 화장에 관심이 많아서 외모를 잘 가꾼다. 몸매 역시도 평균적인 가슴 사이즈가 D컵이라는 얘기가 있을 정도로 상당히 글래머러스하다. 엄청난 글래머 몸매를 가진 러시아 여성과 사랑을 나누었던 적이 있는데… 정말 너무나 섹시해서 한국 여성과의 관계에서는 경험할 수 없을 정도의 흥분을 느꼈던 것이 아직도 생생히 기억이 난다. 몸의 탄력과 풍만함이 비교 대상이 없을 정도로 엄청났던 것이다.

구소련 계열의 보스니아와 같은 계통의 러시아 국가들에는 정말 미인들이 많아서 마트 점원들 중에도 존예녀를 발견할 수 있다고 할 정도니… 당신이 러시아 엘프녀 같은 외모를 좋아한다면 러시아 계열의 여자를 고려해 보는 것도 좋은 선택이 될 것이다. 나는 얼굴보다는 몸매를 따지는 남성이지만 당신이 얼빠라면 러시아 계열의 여성들은 외모와 몸매를 모두 갖춘 여성들의 비율이 상당히 높기에 만족할 수 있을 것이다. 과거에는 서양 여성들이 한국 남자는 이성으로 생각도 하지 않는다는 인식이 있었으나 그것은 옛날얘기에 불과하다. 지금은 이들 나라에서 K-pop 파티가 열리고 있고 이런 행사에 참석하는 한국 남자들은 여성들에게 엄청난 관심과 사랑을 받고 있다고 한다.

지금은 서양 남자들보다 한국 남자가 훨씬 더 인기가 있는 시기이다. 그런데도 아직까지도 갓양남이니 하면서 동양인 콤플렉스에 빠져 있는 한국 남성들이 너무 한심하다. 나는 국뽕러가 아니다. 다만 팩트를 얘기하건대 지금은 그 어떤 갓양남도 BTS의 인기를 넘지 못하고 있듯이 한국 남자들은 서양 남자들에게 절대 꿀리지 않는다.

적어도 향후 몇 년 동안은 이런 시기가 이어질 것이니(계속 이어질 수도 있고) 지금 이 기회를 살려서 엘프녀를 차지하기 바란다.

만국 공통으로
찐따는 인기가 없다

　내가 외국 여성들을 만나는 것이 어렵지 않다고 표현한다고 해서 한국에서 극심한 찐따인 남자가 외국만 가면 이상형의 여자를 얻게 될 것이라고 약을 파는 것은 아니다. 나는 그런 거짓말은 하지 못한다. 세상 어딜 가나 예쁘고 섹시한 여자는 모든 남성들의 목표물이 된다. 그런데도 단순히 외국을 방문하기만 한다고 연애가 자동적으로 이루어질 리가 없다. 한국에서 아무도 거들떠보지 않는 남성인데 외국에 간다고 해서 인기가 있을 리는 없다는 것이다. 왜냐하면 전 세계적으로 사람들의 보는 눈은 대체로 비슷하기 때문이다.

　BTS가 못생겼던가? 아니면 춤을 못 추던가? 노래를 못하던가? 다 갖추었기 때문에 국가를 초월하여 인기가 있는 것이다. 즉 당신이 마른 체형을 가졌든지 덩치가 큰 남자이든지 간에 당신은 우선 어느 나라의 여성이 봐도 매력적으로 보일 만한 모습을 만들어 나가야 한다. 나에게 주어진 외모를 최대한으로 개선시키는 것! 그것이 가장 쉽게 여자를 만날 수 있게 하는 길이다. 내 책을 읽고 실제로 도전하고 노력하는 한국 남성이 외국 여성으로 눈을 돌리게 된다면 한국에서 해야 하는 노력의 10분이 1만 기울이고도 이상형의 외국 여자를 차지하게 될 수 있을 것이니 결과를 걱정부터 하지 말고 찐따에서 벗어나기 위한 노력을 지금 당장 시작하도록 하자!

외국어를 익히자!

　우리나라의 모든 사람들은 잘못된 영어교육의 피해자들이다. 전 세계에서 제일 영어를 못하는 나라 중 하나가 대한민국이 아닐까 싶다. 영어를 언어로서가 아니라 학문으로서 배웠기에 대부분의 사람들이 영어에 대한 두려움을 가지게 된 것이라 생각한다. 그러나 한국 사람이 한국어를 못하는 것은 부끄러운 일이긴 해도 외국어를 못하는 것은 당연한 것이다. 그러므로 외국 여자에게 외국어로 말할 때 문법적으로 틀린 표현을 하는 것을 두려워해서는 안 된다. 무엇이든 실수를 두려워하면 절대로 성장할 수 없는 것이 세상의 이치가 아니겠는가?

　나는 일본 여자를 만나기 원하지만 일본어를 하나도 말하지 못한다. 그럼에도 일본인과 대화를 나누게 될 때 상대방의 말에 귀 기울이고 맥락과 함께 이해를 하려고 하면 대충 무슨 말을 하는지는 알아듣게 되고 추임새를 넣고 인사말을 덧붙이면 상대방은 내가 일본어를 잘한다고 하며 호감을 표현한다. 왜냐하면 그 사람들 입장에서는 외국인인 내가 일어를 대충 알아듣는 것만 해도 대단하다고 여기기 때문이다. 우리도 한국말을 대충이라도 하는 외국인을 보면 기특하게 생각하게 되지 않는가? 마찬가지인 것이다.

그러니 외국어를 두려워하는 마음을 버리고 외국인들과 기회가 닿는 대로 소통을 하는 용기를 발휘하자! 연애는 책으로 배워도 외국어는 절대 책으로 배워서는 안 된다. 우리의 목적은 이상형의 여자를 만나는 것이니 오로지 많이 읽고 듣고 말하는 방식으로 외국어를 터득해야 함을 잊지 말자! 이렇게 말해도 여전히 많은 독자들이 외국어를 익히는 것을 막막해하며 한국어와 외국어를 번갈아 사용하면서 번역을 하는 식의 강의를 들으며 시간을 낭비할 것을 알기에 구체적으로 외국어를 잘 구사할 수 있게 되는 효율적인 방법을 안내하고자 한다. 평생 동안 인간이 언어를 익히는 과정에 대해서 연구를 진행해 오신 크라센 박사라는 분의 주장을 요약해서 말해 주자면, 인간은 모국어든 외국어든 독서를 통해 언어를 상당히 효율적으로 익힐 수 있고 불안감이 없는 상태에서 이해할 수 있는 입력을 받을 때에야 언어를 익히게 된다고 한다.

즉 당신은 외국어 원서를 열심히 읽어 나가면서 외국 여자와의 소통할 기회가 있을 때마다 불안감이 없는 상태로 재미있게 대화를 해 나가는 방식으로 외국어를 익혀야 한다는 것이다. 이러한 방향성이 외국어를 가장 쉽고 빠르게 익히는 방법이라고 한다. 혹여나 문법 공부를 따로 해야 한다는 그런 멍청한 생각을 가지고 있다면 제발 버리길 바란다. 나는 정말 그런 사고방식을 가진 사람들이 한심해서 견딜 수가 없다. 독서를 하는 가운데 문법이라는 것은 자동으로 형성되는 것이지 따로 공부하는 방식으로는 절대로 문법을 완전하게 구사할 수가 없다. 문법이라는 것은 공부하는 데 엄청난 시간이 걸리는 성질을 가지고 있기 때문이다. 당신은 한국어를 잘하기 위해 문법을 제대로 공부한 적도 없으면서 왜 아직도 문법 공부가 필요하다는 멍청한 소리를 하는가?

모국어와 외국어는 익히는 환경 자체가 다르다고? 그렇다면 외국어를 모국어와 같은 환경으로 만들어서 익히면 될 것이 아닌가? 요즘 같은 시대에도 이런 어리석은 사고방식에 빠져 사는 사람들이 있다면 제발 정신을 차리길 바란다.

어플로 외국인 여자들을 사귀는 법

요즘에는 외국인을 만날 수 있는 좋은 어플이 많이 있다. 그러나 대부분 지나친 결제 유도를 해서 사용하기가 짜증 나는 경우가 많다. 내가 사용하는 어플은(t로 시작하는) 유료결제를 하지 않아도 하루에 10명에게 대화를 걸 수 있고 한류 때문인지 많은 여성들이 내게 인사를 건넨다. 그리고 나 또한 내가 만나고 싶은 나라를 지정해서 그 나라들 중 아름다운 외모를 가진 여성을 보면 "Hi" 하고 무조건 인사를 건넨다. 당신이 이러한 어플을 통해서 여러 명의 여성들과 대화를 나누게 되면 그동안 한국 여성들이 당신의 카톡에 왜 그토록 답장을 하지 않았는지 금방 깨닫게 될 것이다. (개인적인 경험이지만 일본 여성들의 경우 어플로 소통이 잘 이어진 케이스가 없다. 연락을 자주 하지 않는 일본 여성들 성향 때문이기도 하고 현지 일본 여성들이 말하는 것처럼 한국 남자와 어플로 연락하는 여성들 중에 제정신인 여성들이 거의 없는 것 같기도 하다. 하루 연락을 실컷 주고받아도 그다음에도 연락이 되는 여자는 거의 없었다. 그래서 일본 여자만큼은 어플을 통해 연락하지 않게 되었다.)

나만 해도 한국인이라 여러 국가의 여성들에게 메시지가 수시로 오고 나도 맘에 드는 이성들에게 메시지를 보내 대화하다 보니 일일이 모든 메시지에 답하기가 어려운 상황이 되곤 했었다. (나도 내 할 일을 해야 하니까…) 그렇게 연락하는 외국인 여성이 많아지고 그들 중 나에게 좋은 반응이 오는 외국인들과는 whatsapp(서양인들이 많이 쓰는 메신저)이나 네이버 line(동양인들이 많이 쓰는 메신저)으로 따로 친구를 맺고 소통을 하다 보니 매일 자주 연락하는 여성들이 따로 생기게 되고 그 외에는 잘 답을 안 하게 되고 시차도 있어서 연락이 잘 이어지지 않는 케이스도 많았다.

이 상황이 되면 자연스럽게 내가 사진을 보고 가장 큰 호감을 느끼는 여성들에게만 우선적으로 답하게 되고 외모가 괜찮아도 성향적으로 나와 맞지 않는 것 같은 이성들은 무시하거나 편할 때만 답장을 하게 되었다. 대한민국 여성들은 이미 남성들과 이런 상황에서 메시지를 주고받아 왔기에 대부분의 남성들은 빠르게 답장을 받기가 힘들었던 것이 아닐까 싶다. 그러나 이제 당신도 전 세계 미녀들을 상대로 갑의 위치에서 대화를 하고 데이트를 하는 남자가 될 수 있을 것이다.

어차피 외국 여성들과는 자주 왕래할 수도 없고 한 사람에게 목을 매다가 그 사람이 남자친구가 생기거나 하면 연락이 끊길 수가 있으니 적어도 수십 명의 여성이 내 연락처에 있는 것이 좋다. 그렇게 많은 여성들과 연락을 주고받다 보면 자연스럽게 그중에서 가장 마음에 들고, 나와 성향이 맞아 계속해서 연락이 이루어지는 소수가 추려지게 되고 그 몇 명의 여성들 중에서 실제로 데이트를 해 보고 진지하게 생각할 만한 이성이라고 느껴지는 상대와 결혼을 전제로 연애를 시작하면 될 것이다.

외국 여성들에게
어프로치 하는 법

　당신이 목표로 하는 이상형 여성의 국적이 달라진다고 해서 어프로치 하는 방식까지 달라져야 하는 것은 결코 아니다. 그렇기에 한국 여성들에게 어프로치하는 방식을(part3 어프로치 내용 참고) 외국 여성들에게도 똑같이 적용하면 된다. 당신이 한국에서 생활하다가 여행 온 이상형의 외국 여자를 보게 되거나 해외여행을 갔을 때 이상형의 외국 여자를 발견하게 되면 용기를 내어 말을 걸도록 하자! 이상형의 여성들에게 자연스럽게 말을 걸기 위해서 평소 마음에 드는 외모의 여자를 보면 항상 눈을 마주치는 연습을 해야 한다. 만약 당신의 앞에 걸어가는 뒷모습의 여자가 매력적이어서 그 여자를 쳐다보고 있었다면 여자가 돌아볼 때 안 본 척 부끄러워하며 눈을 돌리지 말고 그냥 빤히 눈을 쳐다봐라. 느끼하게 말고 그냥 '너 뭔가 싶어서 본다' 이런 느낌으로 보면 된다. 그렇게 되면 상대 여자가 내 관심에 대해 신경 쓰고 어쩔 줄 몰라 하게 된다. 상대가 나를 무시하거나 해도 나는 거절감을 느낄 필요가 없다. 그냥 쳐다본 것에 불과하니까. (여자는 눈빛으로 조져야 한다.)

관심 있다고 티 낸 것도 아니고 그렇다고 애써 관심 없는 척한 것도 아니고 정직하게 그냥 쳐다보는 것인데 부끄러워할 필요가 없다. 이런 마인드로 당신은 마음에 드는 외국 여성을 볼 때마다 그녀들의 눈을 지긋이 쳐다봐야 한다. 그렇게 아이컨택만 자연스럽게 할 수 있게 되어도 외국 여성들과는 자연스러운 인사로 이어지게 될 것이며 당신의 관심에 격하게 반응하여 동공 지진이 일어나는 여성들에게 어프로치 하여 그녀를 차지하게 될 수도 있을 것이다. 요즘에는 번역 어플도 있고 하니 일단 상대의 호의만 이끌어 내면 의사소통은 문제가 아니다. (요즘은 line에 외국어 자동 번역 기능도 있다.) 당신이 남자다운 태도로 여유 있는 비언어만 보여 준다면 매력을 전달하는 것에 어떠한 문제도 없을 것이다.

그러나 진지하게 연애와 결혼까지 하길 원하는 남자라면 목표로 하는 국가나 언어권을 정해서 외국어를 빠르게 익혀 어느 정도의 회화가 되는 상태로 말을 거는 것이 좋긴 할 것이다. 그리고 우리도 그렇지만 외국인들은 한국 남자에 대한 환상이 있고 서로 대화가 원활하게 되지 않는 것이 오히려 신비감을 주는 장점으로 작용하여 말이 통하지 않는데도 상대방에게 호감을 느끼는 상황이 쉽게 연출된다.

상대적으로 우리가 한국 여성에게 접근하여 번호를 받으려 하는 것이 얼마나 어려운가를 한번 생각해 봐라. 아무리 선수라고 해도 도도하게 구는 여자의 번호를 얻으려면 상당한 스킬이 있어야 한다.
그러나 외국인에게 나는 특정 언어를 배우길 원하고(명분 제시) "너와 SNS 친구가 되고 싶어"라고 말을 할 때는 남자친구가 있냐고 물어볼 필요도 없다. 왜냐하면 나는 지금 사귀자고 말하고 있는 것이 아니라 다른 나라의 이성과 그저 친구가 되고 싶다는 명분으로 접근하고 있기 때문에 상대 여성은 호의적으로 받아들일 수밖에 없고 그렇게 서로에게 신비감을 가지고 연락을 하다 보면 자연스럽게 매력을 느끼며 빠져들게 되는 것이다.

흔히 한국에서는 처음에 친구로 시작한 관계는 이성으로 발전할 수 없는 것처럼 생각하곤 하는데 사실 그러한 생각은 미신에 가깝다. 친구에서 연인으로 발전할 수 있느냐의 문제는 처음에 관계를 어떻게 시작했느냐보다는 내가 갖고 있는 성적 매력이 상대에게 어필이 되느냐 안 되느냐의 문제일 뿐이다. 만약 어떤 여성과 내가 친구로 시작을 했어도 처음부터 그 여성의 몸매나 외모가 내 스타일이라 나에게 강한 성적 매력을 전달하는 경우라면 친구로 10년을 지내도 한순간에 성적인 상대로 바뀔 수도 있을 것이다. 아니, 사실 정직히 얘기하자면 성적 매력을 느끼는 이성과는 친구로 평생 지내기가 힘들다.

친구로 지내는 동안에도 겉으로만 그렇게 대했을 뿐이지 나의 본능은 그녀를 원하고 있었을 것이다. 어쨌든 국적을 떠나 남녀는 서로 섹스를 할 수 있는 존재이기에 말이 잘 통하지 않을 때도 얼마든지 사랑의 감정을 느낄 수 있다는 점을 잊지 말자! 앞으로 이상형의 외국 여성들을 보면 그저 용기를 내어 돌진하길 바란다. 말부터 걸어 버리고 생각을 하는 것이다. 한국인인 내가 영어나 다른 언어 좀 버벅거린다고 짜증을 내거나 싫어하는 여자는 거의 없을 것이다. 그런 외국인이라면 사이코이니 거르면 된다.

오히려 언어를 잘 구사하지 못하는 것을 이용하여 여자의 관심을 붙들어 두고 내게 주의를 기울이도록 만들어 버리면 된다. 언어가 통하지 않으니 비언어적으로 상대와 깊은 교감을 나누게 되고 눈을 마주치고 몸짓으로 대화하며 자연스럽게 스킨십이 이루어질 수 있게 되니 성적인 관계로 발전하는 것도 결코 어렵지 않게 될 것이다.

특히나 남미 여성과 같은 개방적인 문화의 여성들은 초반에 스파크가 튀면 바로 사랑에 빠지므로 매력적인 느낌을 전달할 수 있는 남자가 되는 것에 집중하는 것도 나쁘지 않을 것이다. 지금 당장 외국인의 여자에게 말을 거는 것이 쉽지 않게 느껴진다면 한 번에 큰 용기를 내려고 하지 말고 외국인이 길을 물어보거나 할 때 자연스럽게 어디 출신인지 물어보고(where are you from?) 누구나 아는 영어 문장을 자신 있게 말함을 통해(have a nice day 등등) 입을 좀 풀어 나가면 될 것이다.

그러다 보면 외국인이 길을 찾지 못해 헤매고 있을 때 가서 'May I help you?' 하고 물어볼 수도 있고 외국인 여자가 기차에서 무거운 짐을 올릴 때 자연스럽게 도와주는 등 외국인 여성과 소통하는 과정들을 통해 자신감이 점점 쌓이게 되면 어느 날 길 가다가 환상적인 글래머의 외국 여자가 지나갈 때 'Excuse me' 하고 자연스럽게 어프로치를 할 수 있게 되는 날이 올 것이다.

나 같은 경우도 영어를 아예 하지 못하는 데다 외국 여성들 중 가슴이 매우 큰 글래머 스타일의 여성들은 포스가 상당하기 때문에 말 걸 엄두가 나지 않아 잘 시도하지 못하곤 했었다. 그러나 공원에서 강아지를 산

책시키다가 미국 여성과 대화를 나누는 경험을 한 뒤 영어 울렁증에 빠져 있어서 그렇지 조금의 자신감만 가지고 영어로 대화를 하면 간단한 대화는 얼마든지 할 수 있다는 것을 깨달았다.

어느 날 집 근처에서 러닝을 하는데 엄청난 글래머 몸매의 러시아 여자가 지나가는 것을 보고 한참을 고민하다가 남자답게 용기를 내어 어프로치를 해 봐야겠다 싶은 마음이 들어서 달려가서 자연스럽게 따라 잡았고(그 여자가 못 느끼게^^) 혼자 걷는 것을 확인하고 주변에 사람이 별로 없길래,

"Excuse me" 하고 말을 걸고 약간 떨어져서 "Where are you from?"이라고 물어보자, 그녀는 약간 당황하면서도 자신은 러시아 사람이라고 대답을 했다.

눈을 부드럽게 마주치며 "Are you traveling? Do you live in busan?"이라고 질문하자 자신은 서울 사는데 여긴 여행 중이고 학교 때문에 어쩌고 하는데 정확히 알아들을 순 없었지만 대충 맥락은 이해할 수 있었다.

그래서 "You are so beautiful. I want to know your phone number"라고 하자 미안하다며 남편이 있다고 했다.

그래서 나도 미안하다고 사과하고 "너 정말 예쁘다"라고 말하자 그녀도 고맙다고 하며 대화를 마무리하게 되었다. 앞서 한국 여자에게 어프

로치 하는 법에 대해서 예를 들 때도 나는 내가 사귄 여자친구나 번호를 습득한 케이스를 얘기하지 않고 거절당했더라도 내가 가장 마음에 드는 이성에게 접근한 사례를 든다는 것을 느낄 수 있을 것이다.

내가 그러는 이유는 처음 보는 이성의 번호를 받는 것이나 그 여성과 교제하는 것은 어차피 내가 올바른 태도로 여성을 대할 줄 알게 되면 그 뒤부터는 내가 얼마나 시도하느냐에 따라 결정되게 된다. 엄청나게 많은 시도를 할 필요도 없이 매력을 갖춘 상태로 딱 10번만 어프로치를 해 봐라. 썸녀가 생기지 않을 수가 없을 것이다. 그렇기에 앞서 강조했듯이 어프로치를 하는 데에 있어서 특별한 비법이나 황금 멘트 같은 것에 현혹되지 말고 내가 처음 보는 이성에게 보여 주는 비언어가 찐따 같지 않고 매너 있고 남자다운 모습이 될 수 있을 때까지 노력을 해 나가기를 바란다. 요즘은 유튜브를 보면 정말 개나 소나 여자 번호 따는 영상을 올리면서 유료강의 결제를 유도하고 있다. 그런 사람들의 비언어를 보면 내가 지도를 해 주고 싶을 정도로 한심한 경우가 대부분이다. 지나치게 가벼운 느낌이 나서 문란한 여성들만 유혹할 수 있거나 너무 예의 바르기만 해서 여자에게 성적 매력을 전달할 수 없는 모습을 보이고 있으면서 순진한 남성들에게 자신의 유료강의를 들으라고 호객 행위를 하고 있다.

여자의 번호를 딴 것이 중요한 것이 아니다. 그리고 애매한 여자의 번호를 받고 나서 만나서 성관계를 가졌다고 그 남자가 대단한 것도 결코 아니다. 나처럼 언제나 압도적 매력을 갖춘 이상형의 여자를 보고도 쫄지 않고 접근하여 남자답게 소통할 수 있는가? 이것이 진정 중요한 본질이다. 왜냐하면 결과는 자동적으로 따라오는 것이기 때문이다.

이상형 어프로치를 통해 나만 사랑해 주는 글래머의 존예 아내를 만나 행복하게 살아가는 것을 상상해 보라! 매일 밤 사랑을 나누는 것을 생각만 해도 너무 행복하지 않은가? 그런 행복을 누리기 위해 이상형의 여자에게 용기를 내어 어프로치 하는 것이 과연 힘든 일일까? 즐거운 도전일까?

글을 마치며

　여기까지 책을 읽었다면 이제 당신은 이 책의 모든 내용을 실천해 나가며 자기 자신을 성찰하는 과정에 들어서야 할 것이다. 책의 내용을 제대로 실천만 해 나간다면 몇 달 안에 이상형의 여자와 연애를 시작하게 될 수도 있을 것이다. 사람에 따라 며칠이나 몇 주 안에 놀라운 변화가 일어나는 사람도 있을 것이고 누구나 길어도 몇 개월이면 충분할 것이라고 생각한다. 지금부터는 자신에 대한 믿음을 가지고 도전을 시작했으면 좋겠다. 나와 당신은 서로 얼굴도 모르는 사이이지만 나의 독자가 되어 준 당신이 이상형의 여자를 얻는 여정을 진심으로 응원하고 싶다. 그리고 장담할 수 있다. 이 책에 기록한 내용대로 모든 것을 실천해 나가기 시작한다면 당신은 이상형의 환상적인 여자를 얻게 될 것이라고!

　당신이 처음 보는 여자에게 편안하게 접근하여 매력을 전달할 수 있게 되고 이후에 연락할 때도 집착하지 않고 자연스럽게 진행해 나갈 수 있게 된다면 그리고 단둘이 만났을 때도 여유로운 태도를 보여 주어 여자를 애간장 타게 만들어 당신에 대한 호감을 증폭시켜 나갈 수 있는 남자가 된다면, 당신은 국적을 떠나 원하는 여자를 차지할 수 있게 될 것이다. 남녀 관계는 결코 어려운 것이 아니다. 그동안 이 책을 통해 알려 준 방향성이면 충분하다. 어렵게 가르치는 연애 강사들에게 더 이상 속지 마라! 우리 주변을 둘러보면 대부분의 남자들은 인생에서 마음 편한 선택만 하려고 한다. 그러나 인생에 있어서 영원히 지속되는 안정이라는 것은 존재하지 않는다.

이상하리만큼 남자들은 편안한 상태로만 머물러 있으려고 한다. 예쁘고 몸매 좋은 여자를 사귀면 다른 남자들이 나를 공격하기라도 하는 것처럼 두려워한다. 그러나 실상은 그런 여자를 만나게 되면 오히려 다른 남자들이 당신을 우러러보게 된다. 전쟁이 두려워서 경쟁자에게 굴복하는 인생을 사느니 스스로를 단련해서 어떤 양아치라도 '원투 펀치' 한 번에 기절시킬 수 있는 전투력을 키워 자신감 있게 인생을 사는 것이 낫다고 생각한다. 나도 젊은 시절의 대부분을 안정을 추구하며 섹시한 여자는 나와 아무 상관도 없는 것처럼 여기며 살았었지만 30대 중반이 지나면서 깨달았다. 인생에서 안정을 추구하는 것은 정말 바보 같은 짓이라는 사실을. 바람 절대 안 필 것만 같은 평범한 여자만 선택하려는 것은 연애와 인생에 있어서 망하는 지름길로 가는 결정임을. 더군다나 젊은 시절에 안정을 추구한다는 것은 내 청춘과 연애에 대한 자살행위라고 할 수 있을 것이다.

사람들이 죽을 때 가장 후회하는 것이 다른 사람들의 기대에 자신을 맞추며 살았던 것이라고 한다. 당신의 주변 사람들은 모두 입을 모아 여자를 볼 때 얼굴, 몸매 이런 것들을 따지지 말고 성격만 보고 참한 아가씨를 만나라는 조언을 할 수도 있을 것이다. 그러나 원래 사랑은 외모를 보고 시작하는 것이 당연한 것이다. 그리고 요즘 시대에 참한 아가씨 같은 건 존재하지 않는 허상에 불과하다. 부모님 세대에는 있었을지 모르지만 요즘 시대에는 없는 것이다. 얼굴이 못생기고 뚱뚱하다고 해서 가정적인 여성인가? 외모와 성격은 아무런 상관관계가 없다. 단지 외모가 부족하면 성격이라도 착할 것이라고 단순하게 인식하는 우매한 대중들의 쓸데없는 조언들이 있을 뿐.

당신이 주변의 가족과 지인들의 조언을 듣고 크게 매력을 느끼지 못하는 이성과 결혼해서 비참한 결혼 생활을 하게 된다면 그 결정의 책임은 당신에게 있고 그로 인한 불행한 결과 또한 당신만이 오롯이 짊어지게 된다. 누구도 당신을 대신해서 책임져 줄 수가 없기에 당신은 지금부터 주도적으로 변해야 한다. 남들이 뭐라 하던 스스로가 인생에서 가장 만족을 느낄 수 있는 길을 택해야 한다. 인생에 있어서 당신이 무엇을 해서 돈을 벌 것인가와 어떤 여자를 고를 것인가에 대해서 다른 사람의 의견은 하나도 중요하지 않다.

한국 사회에는 두 가지 부류의 남자가 존재하는 것 같다. 바로 이상형을 포기하는 남자와 이상형의 여자를 만날 때까지 도전을 하는 남자! 아름다운 여자들은 대부분 자기 스타일의 남자가 자신에게 먼저 다가와 주기를 바란다. 적어도 현대 사회의 분위기상 아름다운 여자는 남자에게 먼저 대시하기가 어렵기 때문에 자신에게 대시하지 않는 남자는 마음에 들어도 자기와 인연이 아니라고 생각하며 살아가게 된다.

그러나 대부분의 남자들은 여성들이 대시해 주길 바라는데도 거절이 두려워 절대 다가가지 못하고 있다. 국적을 불문하고 가슴이 크고 엉덩이가 섹시한 여자가 길거리에 서 있으면 대부분의 남자들은 "저런 여자는 어떤 남자를 만날까?" 하고 친구들에게 속삭이곤 한다.

당신이 바로 '그런 여자'를 만나는 남자가 되어라!

내 예상이 맞다면 이 책을 읽은 당신은 아마 스스로를 의심하고 있을 것이다. 할 수 있다고 믿고 도전하려 하다가도 "내가 할 수 있을까? 길에서 여자한테 말을 건다고?" 하면서 두려워할 것이다. 원하는 이상형과 연애할 수 있다는 사실에 대해 자기 의심이 가득할 것이다. 충분히 이해한다. 찐따남에서 스스로 매력남이 되었다고 뻔뻔스럽게 말하는 나조차 아직도 한 번씩 자신 없어질 때가 있다.

아무리 대단한 매력남이라도 누구나 내면에는 이러한 두려움이 반드시 존재할 것이다. 우린 모두 똑같이 나약한 사람들이기 때문이다. 나는 지금도 정말 압도적인 포스의 여자를 볼 때에는 마음속으로 두려움을 느끼곤 한다. 그렇지만 다른 남자들과 나의 차이는 나는 스스로에 대한 의심이 들어도 포기하지 않고 용기를 내어 어프로치 할 것이며 상대의 호감을 점점 증폭시켜 나가서 나의 매력에 빠지도록 할 수 있을 것이라는 것이다.

가장 최근의 연애도 그랬고 앞으로의 연애도 그럴 것이다. 물론 나에게도 정말 의리 있고 순종적이며 아름다운 몸매까지 갖춘 여자를 만나 결혼에 성공하는 것은 연애와는 비교할 수 없을 정도로 어려운 일이며 반드시 달성해야 할 과업과 같은 것이라고 생각한다. (성공적인 결혼은 누구에게나 어렵다.)

그래서 나는 많은 여자를 사귀려 하지 않고 국적을 불문하고 내 이상형의 외모를 가진 여자 중에 정말 결혼하고 싶은 성격을 가진 의리 있는 여자를 만나 행복한 가정을 꾸릴 준비를 해 나갈 작정이다. 이 책에 기록한 모든 내용은 내가 실제로 실천했었으며 지금도 하고 있는 내용들이다. (나조차 내가 쓴 책을 자주 읽으며 실천하려 노력한다.) 나는 이 책을 읽은 당신이 인생에서 평생 함께할 이상형을 만나는 여정에 가이드가 되어 주기 위해서 책을 쓴 것이며 평생 한 여자만 사랑할 것이기에 이 세상의 모든 남자의 연애를 도와줘도 내가 잃을 것은 하나도 없다고 생각해 나의 진정성을 이 책에 모두 담았다. 또한 나는 유명인도 아니고 내 이름을 밝히고 이 책을 쓴 것도 아니라 베일에 쌓인 인물이다. (전혀 알려지고 싶지도 않다.)

그러니 당신은 내가 누구인지를 신경 쓰지 말고 당신이 이상형의 여자를 만나는 여정에 집중하길 바란다. 나는 이 책에 쓰인 내용과 방향성이 분명히 현실에서 통한다는 것을 보장할 수 있고 당신이 실천만 한다면 이성 관계에서 내가 경험했던 놀라운 변화를 당신도 만끽하게 될 것이라고 믿는다. 과거부터 나는 번화가에서 싼티 나는 여자친구를 뚜껑 열린 슈퍼카에 태우고 관종 짓을 하는 남자들이나 사회적으로 인정받는 명예나 권력을 가진 남자들에 대해서는 부러움을 느껴 본 적이 없었다. 그러나 나는 내가 좋아하는 이상형의 몸매와 외모를 가진 여자를 차지한 남성들에게는 정말로 부러움을 느꼈었다.

그래서 한 번뿐인 인생, 거절에 대한 두려움과 함께 도전하고 또 도전했고 원하는 여자를 얻을 수 있는 남자로 변화되었다. 내가 압도적으로 잘생겼거나 대단한 사람이라고 느꼈다면 책을 쓰지 않았을 것이다. 나 같이 자신감이 없었던 사람도 해낼 수 있다는 것을 느꼈기에 "이여유"라는 책이 세상에 나오게 된 것이다. 내가 이성 관계에 대해 놀라운 변화를 이루고 난 후 수많은 연애 서적들을 읽어 보았지만 저자가 유명하든 유명하지 않든 간에 정말 연애에 있어서 2%의 남자들만이 알고 있는 '진리'를 이해하기 쉽게 알려 주는 책을 본 적이 없었다.

이 업계에서는 전문가가 아닌 사람들이 전문가 행세를 하면서 책을 출판하고 있는 것을 보았다. 그런 현실 때문에 나는 내가 남녀 관계에 대해서 경험하고 느낀 모든 것을 이 책에 담으려고 노력했다. 당신이 이 책을 읽고 도움을 얻었다면 당신이 아끼는 친구들이나 매력이 부족하다고 느껴지는 남성들에게 이 책을 구입해서 읽어 볼 것을 추천해 주기 바란다. 책 한 권을 진지하게 읽어서 그 사람의 인생이 달라질 수 있다면 그만큼 보람 있는 일이 어디에 있겠는가? 물론 내 책을 읽는다고 모두가 매력남으로 바뀌지는 않을 것을 알고 어쩌면 책을 읽는 사람 중에서도 매력남으로 바뀌어 이상형과 연애에 성공하는 사람은 극소수에 불과할 수도 있겠지만 나는 누구에게나 기회는 주어져야 한다고 생각한다. 나에게도 30대에 나 자신을 바꿀 기회는 주어졌었기 때문이다.

인생에 있어서 모든 것들은 해 보면 ×도 없는데 안 해 보면 쫄게 되는 것들로 가득하다는 사실을 꼭 깨닫기 바란다. 아무쪼록 이 책을 읽은 당신이 원하는 이상형의 여자를 반드시 만나게 되기를 소망한다. 이 책을 반복해서 읽고 실천해서 매력적인 남자로 거듭나기를!!!